U0628339

德群 编著

巴菲特的

Warren Buffett

财富金律

中国华侨出版社

·北京·

巴菲特在投资发展史上可谓独占鳌头，被誉为"当代最伟大的投资者""华尔街股神"，他创造了从100美元起家到获利470亿美元财富的投资神话。中国有句古话说："取法其上，得乎其中；取法其中，得乎其下。"我们要想在投资上取得卓越的业绩，最好的办法就是学习最伟大的投资大师的策略。毫无疑问，巴菲特就是一位最值得我们效法的大师。

或许有人认为，巴菲特能在股票投资上取得如此巨大的成就，背后一定有一套非常人所能掌握的高深莫测的理论，而巴菲特本人一定是一位智商超高的天才人物。事实并非如此。古人云，大道至简。巴菲特告诉我们，真正伟大的投资成功之道，只需要很少的几个原则就可以，非常简单，却非常有效，不需要高智商，不需要高等数学，更不需要高学历，任何一个小学毕业的普通投资者都能掌握、都能应用。巴菲特曾说："我从来没发现高等数学在投资中有什么作用，只要懂小学算术就足够了。如果高等数学是必需的，我就得回去送报纸了。""要想成功地进行投资，你不需要懂得什么专业投资理论。事实上大家最好对这些东西一无所知。""投资并非智力竞赛，智商高的人未必能击败智商低的人。"他发现学校里讲的许多专业理论往往在实践中是行不通的，掌握的知识越多反而越不利于投资。复杂的问题有时候却可以用简单的方式来寻求解答，这正是巴菲特投资哲学的独特魅力。身处风云变幻的股市中，最需要保持的是绝对的理性，最值得依赖的判断工具是那平凡、质朴的经营常识。事实上，巴菲特的投资理论简单、易学、实用。

本书系统、全面地总结了巴菲特的投资思想和方法，通过本书，读者将会看到巴菲特价值投资理论的全貌，包括他的集中投资策略、如何挑选企业股票、如何做交易、如何读财报以及如何规避股市中的风险。巴菲特曾用一句话概括他的价值投资理论的精髓："我们寻找的是一个具有持续竞争优势并且由一群既能干又全心全意为股东服务的人来管理的企业。当发现具备这些特征的企业而且我们又能以合理的价格购买时，我们几乎不可能出错。"广发证券曾对美国主要的 16 种投资策略进行研究，结果是，能够在熊市中赚钱的就是巴菲特的价值成长投资，而在牛市中能够超越指数 4 倍的也是巴菲特的价值成长投资。

当然，不是每个人都能像巴菲特那样积累 470 亿美元的巨额财富，也不是每个人都能像巴菲特那样进行交易。学习巴菲特的意义在于，巴菲特为人们提供了一种方法、一种思维和一种态度，最重要的是一种境界，这种境界就是在年轻的时候想明白了很多事情，然后用一生的岁月去坚守。你越是在年轻的时候想明白这些事情，可能以后积累的财富就越多。那些成功的投资家会随着时间流逝最终淡出我们的视野，但他们的投资原则是永恒的，我们所要做的就是学习这些原则并付诸实践，能忍受长时间的孤独寂寞，经过种种巨大的折腾，最终达到超凡脱俗的人生境界！

目录

△

金律一

价值投资：
学会以四毛钱买一块钱的东西

金律二

长期持有：

不打算持股十年，就不要持股十分钟

金律三

集中投资：

在赢的概率最高时，下大注

金律四

远离市场：
别让"市场先生"左右你的情绪

金
律
七

发掘高成长性股:
市场短期看是投票机，长期看是称重机

金
律
八

选简单股：
一定要在自己理解力允许的范围内投资

金律一

价值投资：
学会以四毛钱买一块钱的东西

价值投资本质：寻找价值与价格的差异

一般来说，采用价值投资法的投资者会用买下整个企业的审慎态度来下单买股票。他在买股票的时候，好比要买下街角的杂货店一样，会询问很多问题：这家店的财务状况怎样？是否存在很多负债？交易价格是否包括了土地和建筑物？未来能否有稳定、强劲的资金收入？能够有怎样的投资回报率？这家店的业务和业绩增长的潜力怎样？如果对以上的问题都有满意的答案，并能以低于未来价值的价格把这家店买入，那么就得到了一个价值投资的标的。

1984年，巴菲特在哥伦比亚大学纪念格雷厄姆与多德合著的《证券分析》出版50周年的庆祝活动中发表演讲时指出，人们在投资领域会发现绝大多数的"掷硬币赢家"都来自一个极小的智力部落，他称之为"格雷厄姆与多德部落"，这个特殊的智力部落存在着许多持续战胜市场的投资大赢家，这种非常集中的现象绝非"巧合"二字可以解释。"来自'格雷厄姆与多德部落'的投资者共同拥有的智力核心是：寻找企业整体的价值与代表该企业一小部分权益的股票市场价格之间的差异，实质上，他们是在利用两者之间的差异。"

学会以四毛钱买一
块钱的东西。
——股神巴菲特

　　价格和价值之间的关系适用于股票、债券、房地产、艺术品、
货币、贵金属，甚至整个美国的经济——事实上所有资产的价值波
动都取决于买卖双方对该资产的估价。一旦你理解了这一对应关系，
你就具有了超越大多数个人投资者的优势，因为投资者们常常忽略
价格与价值之间的差异。

　　从 20 世纪 20 年代中期到 1999 年，道氏工业指数以年 50% 的复
利率（按保留红利计息）增长。而同一时期，30 种道氏工业指数公
司的收入增长率为 47%。但是，从账面上看，这些公司的价值年增
长率为 46%。两个增长率如此一致并非偶然。

　　从长期来看，公司股票的市场价值不可能远超其内在价值的增
长率。当然，技术进步能够改善公司的效率并能导致短时期内价值
的飞跃。但是竞争与商业循环的特性决定了公司销售、收入与股票
价值之间存在着直接的联系。在繁荣时期，由于公司更好地利用了
经济规模效益和固定资产设施，其收益增长可能超越公司的销售增
长；而在衰退时期，由于固定成本过高，其公司收益也比销售量下
降得更快（此即意味着公司的效率不高）。

　　但是，在实际操作中，股价似乎远远超过了公司的实际价值或

者说预期增长率。实际上，这种现象不可能持续下去，股价与公司价值之间出现的断裂必须得到弥补。

如果理性的投资者拥有充分的信息，股票价格将会长期维持在公司的内在价值水平附近。然而在过热的市场下，当投资者似乎愿意为一只股票支付所有家当的时候，市场价格将被迫偏离其真实价值。华尔街便开始接受这只股票被高估这一非一般性的高增长率，同时忽略了其他长期稳定的趋势。

当把市场运动的趋势放在整个经济背景中去考察时，价格与价值之间的差异就显得极为重要了。投资者绝不能购买那些价格高于公司长期增长率水平的股票，或者说，他们应当对那些价格上涨的幅度超过公司价值增加的幅度的股票敬而远之。尽管精确估计公司的真实价值十分困难，但用以估价的证据仍然能够得到。例如，假若股票价格在某一时期内增长了50%，而同时期公司收入只有10%的增长率，那么股票价值很可能被高估，从而注定只能提供微薄的回报。相反，股票价格下跌而公司收入上升，那么应当仔细地审视收购该股票的机会。如果股票价格直线下降，而价格收入比低于公司预期的增长率，这种现象或许就可以看作是买入的信号，股票价格最终会回归其价值。如果投资人利用价格和价值的差异，在价值被低估时买入股票，那么他将会从中获利。

价值投资基石：安全边际

安全边际是对投资者自身能力的有限性、股票市场波动的巨大的不确定性以及公司发展的不确定性的一种预防和扣除。有了较大的安全边际，即使我们对公司价值的评估有一定的误差，市场价格在较长的时期内也会仍低于价值，公司发展就是暂时受到挫折，也不会妨碍我们的投资资本的安全性，并能保证我们取得最低限度的满意报酬率。

格雷厄姆曾告诉巴菲特两个最重要的投资规则：

第一条规则：永远不要亏损。

第二条规则：永远不要忘记第一条。

巴菲特始终遵循着导师的教诲，坚持"安全边际"的原则，这是巴菲特永不亏损的投资秘诀，也是成功投资的基石。格雷厄姆说："安全边际的概念可以被用来作为试金石，以助于区别投资操作与投机操作。"根据安全边际进行的价值投资，风险更低但收益更高。

寻找真正的安全边际可以由数据、理性的推理和很多实际经验得到证明。在正常条件下，为投资而购买的普通股，其安全边际大大超出了现行债券利率的预期获利能力。

如果忽视安全边际，即使你买入非常优秀的企业的股票，如果买入价格过高，也很难盈利。

即便是对于最好的公司，你也有可能买价过高。买价过高的风

成功的秘诀有三条：第一，尽量避免风险，保住本金；第二，尽量避免风险，保住本金；第三，坚决牢记第一、第二条。

——股神巴菲特

险经常会出现，而且实际上现在对于所有股票，包括那些竞争优势未必长期持续的公司股票，这种买价过高的风险已经相当大了。投资者需要清醒地认识到，在一个过热的市场中买入股票，即便是一家特别优秀的公司的股票，可能也要等待很长的一段时间后，公司所能实现的价值才能增长到与投资者支付的股价相当的水平。

安全边际是投资中最为重要的，它能够：

（1）降低投资风险。

（2）降低预测失误的风险。

投资者在买入价格上，如果留有足够的安全边际，不仅能降低因为预测失误而引起的投资风险，而且在预测基本正确的情况下，还可以降低买入成本，在保证本金安全的前提下获取稳定的投资回报。

根据安全边际进行价值投资的投资报酬与风险不成正比而成反比，风险越低往往报酬越高。

在价值投资法中，如果你以 60 美分买进 1 美元的纸币，其风险大于以 40 美分买进 1 美元的纸币，但后者报酬的期望值却比前者高，以价值为导向的投资组合，其报酬的潜力越高，风险越低。

在 1973 年，《华盛顿邮报》公司的总市值为 8 000 万美元，你可以将其资产卖给十位买家中的任何一位，而且价格不低于 4 亿美元，甚至还会更高。该公司拥有《华盛顿邮报》《新闻周刊》以及几家重要的电视台，这些资产目前的价值为 20 亿美元，因此愿意支付 4 亿美元的买家并非疯子。现在如果股价继续下跌，该企业的市值就会从 8 000 万美元跌到 4 000 万美元。更低的价格意味着更大的风险，事实上，如果你能够买进好几只价值严重低估的股票，如果你精通于公司估值，那么以 8 000 万美元买入价值 4 亿美元的资产，尤其是分别以 800 万美元的价格买进 10 种价值 4 000 万美元的资产，基本上是毫无风险的。因为你无法直接管理4亿美元的资产，所以你希望能够找到诚实且有能力的管理者，这并不困难。同时，你必须具有相应的知识，使你能够大致准确地评估企业的内在价值，但是你不需要很精确地评估数值，这就使你拥有了一个安全边际。你不必试图以8 000万美元的价格购买价值8 300万美元的企业，但你必须让自己拥有很大的安全边际。

在买入价格上坚持留有一个安全边际。如果计算出一只普通股的价值仅仅略高于它的价格，那么就没有必要对其买入产生兴趣。相信这种"安全边际"原则——格雷厄姆尤其强调这一点——是投资成功的基石。

价值投资的三角：投资人、市场、公司

要想成功地进行投资，你不需要懂得有多大市场、现代投资组合理论等，你只需要知道如何评估企业的价值以及如何思考市场的价格就够了。

巴菲特说："评估一家企业的价值，部分是艺术，部分是科学。"价值投资者需要评估企业价值、思考市场价格。关于价值投资，作为一般投资者，并不一定要学习那些空洞的理论，只需学习公司估价与正确看待市场波动。

巴菲特认为投资者在学习公司估价与正确看待市场波动的同时，必须培养合适的性格，然后用心思考那些你真正下功夫就能充分了解的企业。如果你具有合适的性格，你的股票投资就会做得很好。

成功的投资生涯不需要天才般的智商、非比寻常的经济眼光或是内幕消息，所需要的只是在做出投资决策时的正确思维模式，以及有能力避免情绪破坏理性的思考，你的投资业绩将取决于你倾注

在投资中的努力与知识，以及在你的投资生涯中股票市场所展现的愚蠢程度。市场的表现越是愚蠢，善于捕捉机会的投资者的胜率就越大。

综合巴菲特关于价值投资的论述，我们将其总结归纳为价值投资成功的金三角：

（1）培养理性自制的性格。

（2）正确看待市场波动。

（3）合理评估公司价值。

以下我们分三方面来论述价值投资成功的金三角：

1. 如何分析自己，培养理性自制的性格

巴菲特强调投资成功的前提是理性的思维与自制的性格：

投资必须是理性的，如果你不能理解它，就不要做。

巴菲特的合作伙伴查理·芒格在斯坦福法学院的演讲中说："在投资中情商远比智商更为重要。做投资你不必是一个天才，但你必须具备合适的性格。"

股票投资者只强调对公司财务数据的数学分析，并不能保证其成功，否则会计师和数学家就是世界上最富有的人了。但过于迷信属于投资艺术的灵感，也很危险，否则艺术大师、诗人、气功大师全都是投资大师了。

投资者在对公司的历史进行分析时，需要保持理性；对公司未来进行预测时需要敏感和直觉。但由于历史分析和未来预测都是由投资人作出的，而投资人在分析预测的过程中面对尽管很多却并不完整的历史信息，以及数量很少、准确性很差的未来预测信息时，每一次投资决策在某种程度上都是一种结果不确定的博弈。投资人的长期业绩取决于一系列的博弈。所以，投资人必须像职业棋手那样具有良好的性格，从而提高决策的稳定性，否则像赌徒那样狂赌，一次重大失误就足以致命。

2. 如何分析市场

态度对市场波动有很大的作用，是因为股票市场的影响力实在是太巨大了，投资者要保持理性的决策是一件非常困难的事情。

正如巴菲特所说："一个投资者必须既具备良好的公司分析能力，同时又必须把他的思想和行为同在市场中肆虐的极易传染的情绪隔绝开来，才有可能取得成功。在我自己与市场情绪保持隔绝的努力中，我发现将格雷厄姆的'市场先生'的故事牢记在心是非常有用的。"

在市场波动的巨大心理影响下，保持理性，是对市场波动持有正确的态度和看法的前提。

投资大师们用其一生的投资经验为我们提出了正确看待市场波动的成功经验：

格雷厄姆和巴菲特的忠告："市场先生"是仆人而非向导。

巴菲特与林奇的警告：股市永远无法准确预测。

巴菲特与林奇投资成功的基本原则：要逆向投资而不是跟随市场。

投资大师对有效市场理论的共同批判：有效市场理论荒唐透顶。

3. 如何评估公司价值

投资者首先要对公司价值进行评估，确定自己准备买入的企业股票的价值是多少，然后跟股票的市场价格进行比较。投资者发现符合其选股标准的目标企业后，不管股价高低随意买入其股票并不能保证他获得利润。公司股票的市场价格如大大低于其对应的内在价值（更准确的应该是"真实价值"或"合理价值"），将会为价值投资人提供很大的安全边际和较大的利润空间。

因此，价值评估是价值投资的前提、基础和核心。巴菲特在伯克希尔公司1992年的年报中说："内在价值是一个非常重要的概念，它为评估投资和企业的相对吸引力提供了唯一的逻辑手段。"

因为股票的价值是公司整体价值的一部分，所以对于股东来说，不考虑股票交易的股票其内在价值评估与公司价值评估其实是完全相同的。价值投资人在进行价值分析时，对于上市公司和自己完全拥有的私有企业的价值评估方法是完全一样的。格雷厄姆指出："典型的普通股投资者是企业家，对他而言，用和估价自己的私人企业同样的方法来估价任何其他上市公司似乎是理所当然的做法。"价值投资人买入上市公司的股票，实质上相当于拥有一家私有企业的部分股权。在买入股票之前，首先要对这家上市公司的私有企业的市场价值进行评估。

股市中的价值规律

股票的价格本质上是由其内在价值决定的。越是成熟的股市，越是注重股票的内在价值。股票的价值越高，相对的股票价格就越大。股票的市场价格会受到供求关系的影响，而围绕价值作上下波动。在一个健康的股市中，股价围绕价值波动的幅度都不大。股票的价格随着企业的发展而变化，所以这是一个动态的平衡。一般来说，最多两年内可预期的股企效益增长，可列入动态价值考量的范畴中，相对的股价可以高一些。尽管市场短期波动中经常使价格偏离价值，但从长期来说市场偏离价值的股票市场价格具有向价值回归的趋势。

希格尔说："政治或经济危机可以导致股票偏离其长期的发展方向，但是市场体系的活力能让它们重新返回长期的趋势。或许这就是股票投资收益率为什么能够超越在过去两个世纪中影响全世界的政治、经济和社会的异常变化而保持稳定性的原因。"

价值投资之所以能够持续地战胜市场,根本原因就在于其对价值规律的合理利用。投资者利用短期内价格与价值的偏离,以低价买入目标股票,形成理想的安全边际,利用长期内价格向价值的回归,以更高的价格卖出自己以前低价买入的股票,从而获取巨大的投资利润。

格雷厄姆在《证券分析》中指出:"当证券分析家在寻找那些价值被低估或高估的证券时,他们就更关心市场价格了。因为此时他的最终判断很大程度上必须根据证券的市场价格来作出。这种分析工作有以下两个前提:第一,市场价格经常偏离证券的实际价值;第二,当发生这种偏离时,市场中会出现自我纠正的趋势。"

格雷厄姆认为,内在价值是影响股票市场价格的两大重要因素

投资人对于食物的价格和食品的质量一清二楚。因为知道自己永远都得购买食物,所以他们喜欢较低廉的价格,而痛恨物价的上涨。只要对你所持有的股票的公司深具信心,你就应该对股价下跌抱持欢迎的态度,并借着这个机会增加你的持股。

——股神巴菲特

之一，另一个因素即投机因素，价值因素与投机因素的交互作用使股票市场价格围绕股票的内在价值不停地波动，价值因素只能部分地影响市场价格。价值因素是由公司经营的客观因素决定的，并不能直接被市场或交易者发现，这需要通过大量的分析才能在一定程度上近似地确定，通过投资者的感觉和决定，间接地影响市场价格。由于价值规律的作用，市场价格经常偏离其内在价值。

分析格雷厄姆关于价值投资的论述，我们会发现，格雷厄姆价值投资的基本思想是对股票市场价值规律的合理利用。

格雷厄姆将价值投资成功的根本原因归于股票价格波动形成的投资机会："从根本上讲，价格波动对真正的投资者有一个重要意义：当价格大幅下跌后，提供给投资者低价买入的机会；当价格大幅上涨后，提供给投资者高价卖出的机会。"

股市总是特别偏爱投资于估值过低股票的投资者。首先，股市几乎在任何时候都会生成大量的真正估值过低的股票以供投资者选择。其次，在其被忽视且朝投资者所期望的价值相反运行相当长时间以检验他的坚定性之后，在大多数情况下，市场总会将其价格提高到和其代表的价值相符的水平。投资者利用市场中的价值规律来获取最终利润。

200多年的股市历史表明，受价值规律的影响，股票价格会围绕股票价值上下波动，不过股票市场的波动更加激烈。这是因为：

（1）金融证券的价格受一些影响深远但又变幻莫测的因素支配。格雷厄姆形象地把这种影响证券价格波动的非人力因素称为"市场先生"。"市场先生"每天都现身来买卖金融资产，它是一个奇怪的家伙，它根据各种各样难以预料的情绪波动，使价格落在其所愿意成交的位置上。

（2）尽管金融资产的市场价格涨落不定，但许多资产具有相对稳定的基础经济价值。训练有素且勤勉的投资者能够精确合理地衡量这一基础经济价值。证券的内在价值与当前的交易价格通常是不对等的。

（3）在证券的市场价格明显低于计算所得的内在价值时购买证券，最终必将产生超额的回报。理论上价值和价格之间的差距约等于基础价值的1/2，而且至少不低于基础价值的1/3。最终的收益可能更大，而且更重要的是非常安全。

作为投资者必须明白的一点是，有些优秀的公司，因为受众人所爱，所以本益比不会很低。因此，对于投资者来说，只要一家公司一直都在快速而又稳定地成长，那么30 ~ 40倍的本益比也未必过分。

因此，投资者在分析优秀公司时，应该翻查有史以来有关公司的本益比资料，然后在股市低迷的时候，看看这家公司的本益比是不是已经跌入前所未有的境地。

价值投资能持续战胜市场

作为投资者，在投资中，你付出的是价格，而得到的是价值，不需要考虑那些单个股票的价格周期及整个市场的波动。市场周期绝不是影响投资者选择股票的重要因素，当股价处在高位时，你更难以发现那些被市场低估的股票，因为此时大多数股票价格偏高；而当市场处在低迷时，你的选择余地会更多，因为此时大多数企业价值被低估，你就有了更多的选择。

巴菲特说："每个价值投资的投资业绩都来自利用企业股票市场价格与其内在价值之间的差异。"价值投资以高收益和低风险持续战胜市场。

从格雷厄姆1934年出版《证券分析》一书提出价值投资以后，

80多年来，证券市场不断发展壮大，已经发生了巨大的变化，那么，价值投资在这80年期间一直有效吗？答案是：有效，而且非常有效，甚至可以说价值投资是唯一能够持续战胜市场的投资策略。

价值投资的实践也证明，基于安全边际的价值投资能够取得超出市场平均水平的投资业绩，而且这种超额收益并非来自高风险，相反，价值投资策略的相对风险更小。

巴菲特关于价值投资的收益更高、风险更低的说法，根据一些财务指标与股票价格的比率分析（价格与收益比、价格与账面值比、价格与现金流量比等）表明，投资于低市盈率、低股价股利收入比率、低股价现金流比率股票，能够取得超额的投资利润。这些指标尽管并不能直接表示安全边际的大小，但可以间接证明比率较低的公司股票相对于比率较高的公司股票可能被低估，所以，相对而言具有较大的安全边际。因此，这为普通投资者采用价值投资策略提供了更多的依据。

价值投资者利用价格与价值的偏离，以低价买入目标股票，以更高的价格卖出自己以前低价买入的股票。那么，价值投资原理为什么有效呢？也就是说，股票市场中价格与价值为什么会这样波动呢？在股票市场中，价格为什么会经常偏离价值，而且在价格偏离价值后，经过相当长的时间后，价格会向价值回归呢？这是所有价值投资人都必须思考的最重要的问题。因为认识市场的波动规律，对于投资人战胜市场具有非常重大的意义。

实际上，价值投资能持续战胜市场的关键在于股市波动，合理利用价值规律。巴菲特回忆在为格雷厄姆—纽曼公司工作时，他问他的老板格雷厄姆：当一家股票的价值被市场低估时，作为投资者如何才能确定它最终将升值呢？格雷厄姆只是耸耸肩，回答说："市场最终总是会这么做的……从短期来看，市场是一台投票机；但从长期来看，它是一台称重机。"

　　在当今社会，价值投资越来越引起人们的关注，但真正这样做的人并不多。因为价值投资的概念虽然不难懂，但人们却很难真正这样实践，因为它与人性中的某些惯性作用是相抵触的。投资者习惯了"旅鼠式"的行动，如果让他们脱离原有的群体，是非常不容易的。就像巴菲特所指出的那样："在我进入投资领域30多年的亲身经历中，还没有发现运用价值投资原则的趋势。看来，人性中总是有某种不良成分，它喜欢将简单的事情复杂化。"

　　对投资者来说，重要的不是理解别人的投资理念，而是懂得在实践中如何运用它。

　　作为普通投资者，在买入价格上留有足够的安全边际，不仅能降低因为预测失误而引起的投资风险，而且在预测基本正确的情况下，还可以降低买入成本，在保证本金安全的前提下获取稳定的投资回报。

价值投资的原则不会错，要看你如何理解和运用它！

——股神巴菲特

影响价值投资的五个因素

价值投资人买入上市公司的股票，实质上相当于拥有了一家私有企业的部分股权。在买入股票之前，首先要对这家上市公司的私有企业市场价值进行评估。要想成功地进行投资，你不需要懂得有多大市场、现代投资组合理论等，你只需要知道如何评估企业的价值以及如何思考市场价格就够了。

价值投资是相对风险投资而言的，是基于围绕价值轴心的价格波动，而产生低买高卖的投资行为，以及追求长远价值预期和价值实现，而分享资产长期增值的利益，并非短期炒作。

传统或狭义的价值投资，主要指对潜力产业、热门行业的直接实业投资，比如：20世纪80年代初期，商品经济开始活跃，直接投资消费品加工厂和发展贸易成为热点；90年代初期，内地住房体制改革，众多的直接投资开发，带动了房地产业的兴旺；进入2000年，全球经济快速发展，形成了能源瓶颈，石油、煤炭、电力等能源产业成为投资热点，等等。而广义的价值投资不仅包括直接的实业投资行为，而且还包括对相关资产的间接投资，即对相关产业上市资产或上市公司的投资。由于长期以来人们对"价值投资"的漠视和误解，往往把上市资产的投资或股票市场投资也理解为高风险投资。一个成熟的股票市场的基石和内涵，就在于其价值资产。

价值投资不仅是一个正确的投资理念，更是一种正确的投资方法和技巧。人们之所以谈股色变，视股市为高风险场所，根本原因还在于法制不健全、管理与监控的效率缺失、公司治理的薄弱和经济周期与市场的波动对资产价值和投资者心理产生的影响。而价值投资的重点，就是广义概念的证券市场之价值掘金。

价值投资是基于对上市公司所处的市场环境、行业地位和内在价值等基本方面的全面认真的分析，并通过一定的价值分析模型，将上市资产的内在价值量化，确定合理的价格表达，并通过与市场现行价格的比较，来挖掘出被市场严重低估价值的股票或资产，以适时地进行有效投资的过程。简单来说，就是寻求股票价值回归，根据上市公司的发展前景、盈利能力和历史表现推估投资股票的价格，进行低买高卖的获利操作，或长期持有，分享资产增值利益。

被誉为证券分析之父的本杰明·格雷厄姆在所著《证券分析》一书中指出："价值投资是基于详尽地分析，资本的安全和满意的回报有保障地操作。不符合这一标准的操作就是投机。"格雷厄姆还提出："决定普通股价值的基本因素是股息率及其历史记录、盈利能力和资产负债等因素。"

价值投资大师巴菲特是价值投资理论的实践者，他更注重公司的成长和长期利益，并愿意为此付出合理的价格。巴菲特将格雷厄姆的价值理念概括为："用0.5美元的价格，买入价值1美元的物品。"格雷厄姆揭示了价值投资的核心，巴菲特则用自己的实践告诉我们如何进行投资。2003年巴菲特在香港证券市场以1.6港元的均价投资了"中国石油"股票，按现价约9港元算他已获利上百亿，这就是最好的例证。根据《证券分析》一书所阐述的原理，上市公司股票价值主要由五大因素构成：

（1）分红派息比例。合理的分红派息比例，反映了公司良好的现金流状况和业务前景，亦是优质蓝筹股票的重要标志。优质资产的派息率应持续、稳定，且高于银行同期存款利率，企业发展与股东利益并重，如：汇丰银行为4.37%，和黄为2.38%，中移动为2.49%，电信盈科达为7.5%。分红派息率过低，说明公司业务缺乏竞争力，股东利益没有保障，股票无吸引力。分红派息率不稳定，且突然派息过高，反映了公司缺乏长远打算，或业务前景不明朗。

（2）盈利能力。它反映公司整体经营状况和每股获利能力。主要指标是公司的边际利润率、净利润和每股的盈利水平，该指标越高越好。有价值的公司，盈利能力应是持续、稳定地增长，且每年盈利增长率高于本地生产总值的增长率。

（3）资产价值。它主要以上市公司的资产净值衡量（净资产＝总资产－负债），它是资产总值中剔除负债的剩余部分，是资产的核心价值，可反映公司资产的营运能力和负债结构。合理的负债比例，体现了公司较好的资产结构和营运效率；较高的资产负债比例，反映了公司存在较大的财务风险和经营风险。

（4）市盈率（P/E值）。指普通股每股市价同每股盈利的比例。影响市盈率的因素是多方面的，有公司盈利水平、股价、行业吸引力、市场竞争力和市场成熟度等。每股盈利高，反映市场投资的盈利回报就高（市盈率或每股当年盈利／每股股价）；若市场相对规范和成熟，则市盈率表现相对真实客观，即股价对资产价值的表达相对合理，反之则为非理性表达，泡沫较大。同时，市盈率也反映市场对公司的认同度，若公司业务具有行业垄断、经济专利和较强的竞争力，则市场吸引力较高，可支撑相对较高的市盈率，即股价表达较高。如，截至 2006 年 3 月底，汇丰市盈率为 12.25 倍，中移动市盈率为 15.68 倍。

（5）安全边际。股票价格低于资产内在价值的差距称为"安全边际"。内在价值指公司在生命周期中可产生现金流的折现值。短期资产价值，通常以资产净值衡量。买股票时，若股价大幅低于每股的资产净值，则认为风险较低；若低于计算所得的资产内在价值较多，则安全边际较大，当股价上涨，可获超额回报，扩大投资收益，并可避免市场短期波动所产生的风险。

　　①股票年度回报率 =（当年股息 + 年底收市价 - 年初收市价）/ 年初收市价 ×100%

　　②个股回报率 =（获派股息 + 股票估出收入 - 股票购入成本）/ 股票购入成本 ×100%

　　价值投资着眼于公司长远利益的增长和生命周期的持续，从而进行长期投资，以获得股东权益的增值。股东权益的增值，来源于经营利润的增长，长期而言，股票价格的增长，应反映公司价值前景和经营利润；短期看，股票价格会受各种因素（如：利率、汇率、通货膨胀率、税制、国际收支、储蓄结构、能源价格、政治外交和突发性重大事件）的影响而波动。

股价对价值的背离总会过去

　　投资者在投资过程中需要注意的是，无论股价怎么波动，你需要真正关心的是投资目标的内在价值。即使在股价处于高位的时候，只要在股价大大低于其内在价值的情况下，仍然可以进行投资；相反，如果股价处于低位，但是股价已经高于其内在价值，那么这仍然是不值得投资的。

　　在股市中，最常见的就是股价的波动。有时候面对的明明是一家很好的公司，但是股价却一直在价格的低位盘旋，导致很多投资者忍痛割爱，止损出局。事实上，巴菲特对这种情况的看法是：股价的波动是一件好事。因为股价的背离只是一种短暂的表现形式，从长期的角度来看，股价是不可能背离其内在价值的。

　　举个例子来说，巴菲特投资水果织机公司的时候，就是在该公司宣布破产的时候，当时伯克希尔公司是以差不多面额一半的价格买入了该公司的债券和银行的债券。要知道，这起破产案是十分特

不需要等到股价
跌到谷底才进场买股
票，反正你买到的股
价一定比它真正的价
值还低。
——股神巴菲特

殊的，因为该公司虽然已宣布破产保护，可是即便是这个时候，它也没有停止支付有担保债券的利息，这样就使得伯克希尔公司每年依然能够得到15%的收益。到了2001年的时候，伯克希尔公司仍然拥有该公司10%的有担保债权。不难看出，巴菲特的做法和普通的投资者的做法是有很大区别的。当时以本金面额50%买入后，即使在70%左右进行回收，这笔投资也已经获得了40%的获利回报，如果再加上每年的15%左右的利息回报，伯克希尔公司获得的回报就已经相当可观了。

另外，一个更加典型的案例是，从2000年年末开始，巴菲特就陆续购进了Finova公司的债权。其实当时这家财务金融公司已经发生了一些问题，流通在外的美元债券价格高达110亿美元，已经下跌到面额的2/3左右，伯克希尔公司就以这个价格买入了其中约13%的债权。巴菲特选择该公司的理由是，该公司凶多吉少、难逃破产命运。但即使如此，该公司的净资产仍然摆在那里。伯克希尔公司从中回收的资金也会超过2/3面额的水平。即使该公司出现了最坏的状况，仍然是可以获利的。

当然，与普通投资者的投资行为不同的是，由于伯克希尔公司总是动不动地就去取得被收购公司的控股权，所以，相比之下，普通投资者并不具备如巴菲特般的话语权，这最终会影响到投资收益回报的高低。

有人问格雷厄姆是什么力量使价格最终回归于价值呢？格雷厄姆回答说："这正是我们行业的一个神秘之处，对我和其他任何人而言，也一样神奇。但我们从经验上知道，最终市场会使股价回归于价值。"

股票市场和商品市场一样，同样遵循价值规律，股价短期波动很剧烈，经常偏离其价值，但是价格围绕价值波动，从长期来看，股价最终会回归于价值。巴菲特说："股价波动是根本无法预测的。"其实他说的是短期波动。从长期来看，股价波动完全可以预测，因为股价对价值的背离总会过去，最终会回归于价值。

实质价值才是可靠的获利

对于投资者来说，投资赚钱可以靠两个途径来实现，其中之一是企业实质价值的增长，再有就是"市场先生"上蹿下跳给出的非理性价格。对于前者，无疑是确定而稳定的，投资者一定要保证吃到的是这一块蛋糕，但后者也是不可缺少的一部分。因为它不仅能在购买时提供安全边际，同时也能在适当的时候奖励投资者一块蛋糕顶端的奶油。

1991年巴菲特在致股东的信里写道："查理和我一起对盈利作出了设定，以15%作为每年公司实质价值增长的目标，这也就是说，如果在未来十年内，公司要达到这个目标，则其账面净值至少要增加22亿美元。我们真的很需要祝福。请大家祝我们好运吧！"

"1991年，我们经历了账面数字超额增长，但是这是一种不太可能再发生的现象，我们受惠于可口可乐与吉列本益比的大幅上涨，只这两家公司对我们的贡献就是我们在去年21亿美元净值成长中的16亿美元。"

"在当今世界，可口可乐与吉列可以说是最好的两家公司，在未来几年我们预期它们的获利仍然会以惊人的速度保持增长，而我们持股的价值也将会以等比例的程度增加。然而另一方面是，去年这两家公司股价上涨的幅度远高于其本身获利增长的幅度，所以说去年我们是两面得利：其中一方面是靠公司绝佳的获利能力，另一方面则是市场对于公司股票的重新评价。当然我们同样认为，我们这样的调整是经得起考验的，但这种情况并不太可能每年都发生，展望未来，我们只可能靠前面第一点来获益。"

巴菲特一向都强调企业的实际价值而绝不是表面上看到的资产，他注重资产的盈利能力，比如，1987年，著名的鲍得温联公司在宣布破产后其账面的价值净值有4亿美元，但是另外一家公司Belridge石油在1979年用36亿美元的高价卖给壳牌石油时，其账面的价值才不到2亿美元。

1991年伯克希尔的净值增长了21亿美元，与上年相比增加了39.6%。伴随着伯克希尔的不断成长，世界上所存在的可以大幅影响公司表现的机会也就越来越少了。然而当巴菲特操作的资金只有2 000万美元的时候，一项获利100万美元的案子就可以使他的年报酬率增加5%。但当时他却要有3.7亿美元的获利（如果要是以税前计算的话需要5.5亿美元），才能达到相同的效果，然而要一口气赚3.7亿美元比起一次赚100万美元的难度可是大得多了。

找出价格与价值的差异

在实际操作中，股价似乎远远超过了公司的实际价值或者说预期增长率。实际上，这种现象不可能持续下去，股价与公司价值之间出现的断裂必须得到弥补。如果理性的投资者拥有充分的信息，那么股票价格将会长期维持在公司的内在价值水平附近。然而在过热的市场下，当投资者似乎愿意为一只股票支付所有家当的时候，市场价格将被迫偏离真实价值。

在股市中，如果没有找到价格与价值的差异，你就无法确定以什么价位买入股票才合适。

内在价值是一家企业在其存续期间可以产生的现金流量的贴现值。但是内在价值的计算并非如此简单。正如我们定义的那样，内在价值是估计值，而不是精确值，而且它还是在利率变化或者对未来现金流的预测修正时必须相应改变的估计值。此外，如果两个人根据完全相同的一组事实进行估值，那么几乎总是不可避免地得出至少是略有不同的内在价值的估计值。

正如巴菲特所说："价值评估，既是艺术，又是科学。"

巴菲特承认："我们只是对于估计一小部分股票的内在价值还有点自信，但这也只限于一个价值区间，而绝非那些貌似精确实为谬误的数字。"

投资者要做的就是寻找企业整体的价值与代表该企业一小部分权益的股票市场价格之间的差异，实质上，他们是在利用两者之间的差异。

巴菲特认为，投资者要想科学地评估一个企业的内在价值，为自己的投资做出正确的判断提供依据，就必须注意以下几个方面：

1.现金流量贴现模型

巴菲特认为，唯一正确的内在价值评估模型是1942年约翰·伯尔·威廉斯提出的现金流量贴现模型理论。

2.正确的现金流量预测

巴菲特曾经告诫投资者："投资者应该明白会计上的每股收

益只是判断企业内在价值的起点，而非终点。"在许多企业里，尤其是在那些有高资产利润比的企业里，通货膨胀使部分或全部利润徒有虚名。如果公司想维持其经济地位，就不能把这些"利润"作为股利派发。否则，企业就会在维持销量的能力、长期竞争地位和财务实力等一个或多个方面失去商业竞争的根基。因此，只有当投资者了解自由现金流时，会计上的利润在估值中才有意义。巴菲特指出，按照会计准则计算的现金流量并不能反映真实的长期自由现金流量，所有者收益才是计算自由现金流量的正确方法。所有者收益，包括报告收益，加上折旧费用、折耗费用、摊销费用和某些其他非现金费用，减去企业为维护其长期竞争地位和单位产量而用于厂房和设备的年平均资本性支出，等等。巴菲特提出的所有者收益，与现金流量表中根据会计准则计算的现金流量最大的不同是，它包括了企业为维护长期竞争优势地位的资本性支出。巴菲特提醒投资者，会计师的工作是记录，而不是估值，估值是投资者和经理人的工作。"会计数据当然是企业的语言，而且为任何评估企业价值并跟踪其发展的人提供了巨大的帮助。没有这些数字，查理和我就会迷失方向。对我们来说，它们永远是对我们自己的企业和其他

价格是你付出去的，
价值是你等到的。
——股神巴菲特

企业进行估值的出发点，但是经理人和所有者要记住，会计数据仅仅有助于经营思考，而永远不能代替经营思考。"

3.合适的贴现率

确定了公司未来的现金流量之后，接下来就是要选用相应的贴现率。让很多人感到惊奇的是，巴菲特所选用的贴现率，就是美国政府长期国债的利率或到期收益率，这是任何人都可以获得的无风险收益率。一些投资理论家认为，对股权现金流量进行贴现的贴现率，应该是无风险收益率（长期国债利率）加上股权投资风险补偿，这样才能反映公司未来现金流量的不确定性。但巴菲特从来不进行风险补偿，因为他尽量避免涉及风险。首先，巴菲特不购买有较高债务水平的公司股票，这样就明显减少了与之关联的财务风险。其次，巴菲特集中考虑利润稳定并且可预计的公司，这样，经营方面的风险即使不能完全消除，也可以大大减少。对此，他表示："我非常强调确定性。如果你这么做了，那么风险因子的问题就与你毫不相关了。只有在你不了解自己所做的事情的时候，才会有风险。"如果说公司的内在价值就是未来现金流量的贴现，那么恰当的贴现率究竟应该是多少呢？巴菲特选择了最简单的解决办法："无风险利率是多少？我们认为应以美国的长期国债利率为准。"基于以下三个方面的理由，巴菲特的选择是非常有效的：第一个方面，巴菲特把一切股票投资都放在与债券收益的相互关系之中。如果他在股票上无法得到超过债券的潜在收益率，那么他就会选择购买债券。因此，他的公司定价的第一层筛选方法就是，设定一个门槛收益率，即公司的权益投资收益率必须能够达到政府债券的收益率。第二个方面，巴菲特并没有花费过多的精力为他所研究的股票分别设定一个合适的、唯一的贴现率。每个企业的贴现率都是动态的，它们随着利率、利润估计、股票的稳定性以及公司财务结构的变化而不断变动。对一只股票的定价结果，与其做出分析时的各种条件密切相关。两天之后，可能就会出现新的情况，迫使一个分析家改变贴现率，并对公司做出不同的定价。为了避免不断地修改模型，巴菲特总是很严格地保持他的定价参数的一致性。第三个方面，如果一个企业没有任何商业风险，那么它的未来盈利就是完全可以预测的。在巴菲特眼里，可口可乐、吉列等优秀公司的股票就如同政府债券一样没有风险，所以应该采用一个与国债利率相同的贴现率。

4.经济商誉

事实上，根据债券价值评估模型进行企业股权价值评估时，企业的有形资产相当于债券的本金，未来的现金流量相当于债券的利息。和债券一样，本金在总价值中占的比例越大，受未来通货膨胀的影响就越大。现金流量越大，公司的价值越高。持续竞争优势越突出的企业，有形资产在价值创造中的作用越小，企业声誉、技术等无形资产的作用越大，超额回报率越高，经济商誉也就越庞大。因此，巴菲特最喜欢选择的企业一般都拥有巨大的无形资产，而对有形资产需求却相对较小，能够产生远远超过产业平均水平的投资回报率。简言之，巴菲特最喜欢的优秀企业的内在价值只有一小部分是有形资产，而其余大部分都是无形资产创造的超额盈利能力。

从长期来看，价格与价值之间存在着完美的对应关系。任何资产的价格最终都能找到其真实的内在价值基础。

一些重要的价值评估指标

当经理们想要向你解释清楚企业的实际情况时，可以通过会计报表的规定来进行。但不幸的是，当他们想弄虚作假时，起码在一些行业，同样也能通过报表的规定来进行。如果你不能辨认出其中的差别，那么你就不必在资产管理行业中混下去了。

巴菲特说："会计师的工作是记录，而不是估值。估值是投资者和经理人的工作。"

相对价值评估方法和基于资产的评估方法都不适用于持续竞争优势企业的价值评估。

在对股票进行价值评估时，我们也可以利用其他重要的价值评估指标：基于资产的价值评估方法和相对价值评估方法。

基于资产的价值评估方法是根据公司资产的价值来确定公司股票的价值。常用的评估方法有账面价值调整法、清算价值法、重置成本法。

1.账面价值调整法

最为简单直接的资产价值分析方法是根据公司提供的资产负债表中的账面价值进行估算。但账面价值法的一个明显的缺点是：资产负债表中的资产和负债的账面价值很有可能不等于它们的市场价值。

（1）通货膨胀使得一项资产当前的市场价值并不等于其历史成本价值减去折旧；

（2）技术进步使得某些资产在其折旧期满或报废之前就过时贬值了；

（3）由于公司形成的组织能力对各项资产有效地合理组合，公司多种资产组合的整体价值会超过各项单独资产价值之和，而这种组织能力的价值在公司账面上并没有反映。

因此，在进行资产价值分析时，需要对账面价值进行调整，以反映公司资产的市场价值。常用的调整方法有清算价值法、重置成本法。

2.清算价值法

清算价值法认为，公司价值等于公司对所有资产进行清算并偿还所有负债后的剩余价值。清算价值与公司作为持续经营实体的经营价值往往相差很大。如果公司属于衰退产业，公司盈利能力大幅度下滑，这时公司清算价值可能会大大高于公司经营价值。如果公司属于成长产业，公司盈利能力不断提高，这时公司清算价值可能会大大低于公司经营价值。

实际上，对于所有活跃的二手市场的相应资产，清算变卖价格就等于二手市场价格。但大多数资产并没有相应的二手市场，只能由评估师进行估算，但估算并不容易。同时，清算价值法也忽略了组织能力，而且只有在破产等少数情况下，公司才会花费大量的时间和精力进行估算清算变卖价值。

3.重置成本法

重置成本法是最常用的资产价值评估方法。将一项资产的盈利

要理发吗？

"你是否要理发，自己决定，而不要去问理发师。"——从经纪商或者投资顾问那里得到一些建议是可以的，但是，如果你将决策权完全交给经纪商或者投资顾问，那么你就失去了独立思考的能力。

能力与其遥远的历史成本相联系很难，但与其当前的重置成本相联系却很容易。

确定重置成本的一种简单的、主要针对通货膨胀进行调整的方法，是选用一种价格指数，将资产购置年份的价值换算为当前的价值。但价格指数法并没有反映资产的过时贬值与资产价格的变化，所以更好的方法是：对资产进行逐项调整，同时反映通货膨胀和过时贬值这两个因素的影响，以确定各项资产真正的当前重置成本。

重置成本法的最大不足是忽略了组织能力。公司存在的根本原因是运用组织能力，按照一定的方式组合资产和人员，使公司整体的价值超过各项资产单独价值的总和。但重置成本法无论如何完美，也只能反映各项资产单独价值的总和，却忽略了公司组织能力的价值。

除了以上的基于资产的价值评估方法外，我们也可以利用相对价值评估方法。

相对价值评估方法是根据公司与其他"相似"公司进行比较来评估公司的价值。一般的方法是对公司的重要财务指标进行比较，常用的指标是市盈率、市净率、市销率等。

1.市盈率

市盈率是指股票市价与公司每股收益的比率，常用的是股票市价与公司未来一年每股收益的比率。

使用市盈率最简单的办法就是把它和一个基准进行比较，例如同行业中的其他公司、整个市场或者同一公司的不同时间点。一家公司以比它的同行低的市盈率交易可能是值得买的，但是记住，即使相同行业的公司也可能有不同的资本结构、风险水平和增长率，所有这些都影响市盈率。所以在其他因素相同的情况下，一个成长迅速、负债较少和再投资需求较低的公司，即便市盈率较高，也是值得投资的。

你也可以把一只股票的市盈率与整个市场的平均市盈率比较。你正在调查研究的公司也许比市场的平均水平增长更快（或者更慢），也许它更有风险（或者风险更低）。大体上，把一家公司的市盈率和同行业的公司或者与市场比较是有价值的，但是这些不是你可以依赖的最后决定买入或者卖出的方法。

把一只股票现在的市盈率和它的历史市盈率相比较也是有用的，尤其对那些比较稳定的、业务没有经历大的变化的公司来说更是如此。如果你看到一家稳定的公司以大致相同的速度成长，同时和过去有大致一样的预期，但是它以一个比长期平均水平低的市盈率交易，你就可以开始关注它了。它有可能是风险水平或者业务前景发生了变化，这是导致低市盈率的正当理由，也可能是市场以一个非理性的低水平给股票标价导致的低市盈率。

市盈率的优点是相对于现金流来说，会计盈利能更好地取代销售收入的会计意义，而且它比账面价值更接近市场的数据。此外，每股盈利数据是相当容易取得的，从任何财务数据中都可以得到，所以市盈率是一个容易计算的比率。

市盈率也有一个很大的缺点，例如，市盈率20是好还是坏，难以回答，使用市盈率只能在一个相对基础上，这意味着你的分析可能被你使用的基准扭曲。

所以，我们要在一个绝对水平上考察市盈率。是什么导致一家公司更高的市盈率？因为风险、成长性和资本需求是决定一只股票市盈率的基础，具有较高的成长性的公司应该有一个更高的市盈率，高风险的公司应当有一个较低的市盈率，有更高资本需求的公司应当有一个较低的市盈率。

2.市净率

市净率是指公司股票价格与每股平均权益账面价值的比率。这种投资理念认为固定的盈利或者现金流是短暂的，我们真正能指望的是公司当前有形资产的价值。巴菲特的导师格雷厄姆就是用账面价值和市净率对股票进行估值的著名的倡导者。

尽管市净率在今天还有某些效用，但是现在，很多公司通过无形资产创造价值，比如程序、品牌和数据库，这些资产的大部分不是立刻计入账面价值的。特别是对于服务性企业来说，市净率没有任何意义。例如，如果你用市净率去给eBay公司估值，你将无法按照极少的账面价值去评估公司的市场垄断地位，因为无形资产是导致该公司如此成功的最大的因素。市净率也可能导致你对一家像3M公司这样的制造业企业进行错误估值，因为3M公司的价值大部分都来源于它的品牌和创新的产品，而不是来自工厂的规模和存货的质量。

因此，当你考察市净率的时候，要知道它与净资产收益率相关。一家相对于同行或市场市净率低且有高净资产收益率的公司可能是一个潜在的便宜货，但是在你单独使用市净率给股票估值之前，还要做某些深度的挖掘工作。

但是，市净率在给金融性服务公司估值时是很好用的，因为大多数金融性公司的资产负债表上都有大量的流动性资产。金融性公司的好处是账面价值的资产是以市场价标价的，换句话说，就是它们每个季度都按照市场价格重新估值，这就意味着账面价值与实际价值相当接近。相反，一家工厂或者一块土地记录在资产负债表上的价值是公司支付的价格，这与资产的现值有很大的不同。

只要你确信公司的资产负债表上没有巨额的不良贷款，市净率就是一个筛选价值被低估的金融股的可靠路径。要牢牢记住金融类公司股票低于账面价值交易（市净率低于1）常常预示着公司正在经历某种麻烦，所以在你投资之前要仔细研究这家公司的账面价值有多可靠。

　　3.市销率

　　市销率是用现在的股票价格除以每股的销售收入。市销率反映的销售收入比财务报表中的盈利更真实，因为公司使用的会计伎俩通常是想方设法推高利润（公司可能使用会计伎俩推高销售收入，但如果使用频繁就容易被发现）。另外，销售收入不像利润那样不稳定，一次性的费用可能临时性压低利润，对处于经济周期底线的公司，一年到另一年中利润的这种变化可能非常显著。

　　通过把当前市销率与历史市销率比较，变化较小的销售收入使市销率在相对利润变化较大的公司进行快速估值方面变得更有价值。对于含金量不一的利润指标的评估，市盈率不能给我们很多帮助。但是在相同的时间段，销售收入没有如此多的变化，市销率就派上用场了。

　　市销率有一个大的缺点，那就是销售收入的价值可能很小也可能很大，这取决于公司的盈利能力。如果一家公司披露有数十亿美元的销售收入，但每一笔交易都亏损，我们盯住股票的市销率就会比较困难，因为我们对公司将产生什么水平的收益并没有概念。这是每天使用销售收入作为市场价值的代替的缺陷。

　　一些零售商是典型的毛利率较低的公司，也就是说它们只把每一美元的销售收入中一个很小的比例转化成利润，市销率很低。例如，一家一般水平的杂货店在2003年中期的市销率大约是0.4，然而一个平均水平的医疗器材公司的市销率大约在43。造成这种巨大差别的原因不是杂货店毫无价值，而是因为一般水平的杂货店只有2.5%的销售净利率，而一般水平的医疗器材公司的销售净利率在

11%左右。一家杂货店的市销率如果达到10，那一定是被可笑地高估了，但一家医疗器材制造商有同样的市销率将被认为是一只绝对便宜的股票。

尽管市销率在你研究一家利润变化较大的公司时可能是有用的，因为你可以比较当前市销率和历史市销率，但它不是你能够依赖的指标。尤其不要比较不同行业公司的市销率数据，除非这两个行业有水平非常相似的盈利能力。

总之，资产价值评估方法和相对价值评估方法都不适用于持续竞争的优势企业，这是因为，持续竞争的优势企业的根本特征是，以较少的资产创造更多的价值，其资产价值往往大大低于公司作为持续经营实体的经营价值；另外，持续竞争的优势企业除了账面上反映的有形资产外，其品牌、声誉、管理能力、销售网络、核心技术等重要的无形资产根本不在账面上反映，所以也很难根据重置成本或清算价值进行评估。

金律二 长期持有：
不打算持股十年，就不要持股十分钟

集中股力，长线投资

集中投资是获得超额收益的良好途径，分散投资在分散风险的同时也会分散收益。凡是不敢于重仓持有的股票，无外乎是对要购买的标的没有胜算的把握，但这并不能作为我们买股票的理由。因为，如果我们对要购买的企业没有把握，哪怕是一股，也不可以买入，正所谓只做最有把握的行情，只买最有把握的股票。

巴菲特说："我认为投资者应尽可能少地进行股票交易。一旦选中优秀的公司大笔买入之后，就要长期持有。"巴菲特在多年的投资中，只拥有十几只的投资股票，就使他赚取了大量财富。他认为投资人应该很少交易股票，一旦选中优秀的公司而决定买入之后，就要大笔买入并长期持有。

巴菲特把选股比喻成射击大象。我们投资人所要选择的，是一只很大的大象。大象虽然不是常常出现，而且也跑得不是很快，但如果你等到它出现时才来找枪把，可就来不及了。所以为了等待和及时抓住这个机会，我们任何时刻都要把上了子弹的枪准备好。这就像投资人任何时候都要准备好现金等待大好机会的来临一样。

　　巴菲特本身的投资，次数的确是很少的，但一旦投资了，就会很大笔。从他所有的投资实践中，我们就可以看到。巴菲特堪称是不受市场短期波动起伏影响的具有极好心理素质的典范，他很少在意股票价格的一时波动。他建议每个投资人都给自己一张卡片，上面只允许自己打12个小洞，而每次买入一种股票时，就必须打一个洞，打完12个，就不能再买股，只能持股。这样会使投资人转变成真正优秀的公司的长远投资人。

　　作为一般投资者，需要耐心地持有他们手中的投资组合，不被别人的短线获利所诱惑。

　　有很多股民手上持有的股票品种很多，甚至有一些散户就是喜欢买多种股票，这里尝试一些，那里买入一些，名下股票种类多得不胜枚举，等到最佳企业廉价购入的机会到来时，手上的资金反而所剩无几。这就像打猎时，大象一直不出现，使人失去了耐心，就连松鼠、兔子等小动物也照射不误，结果，等到大象出现时，子弹已经所剩无几了。

　　事实上，投资组合越分散，股价变动的激烈性在对账单上的反应就越不明显。对于大多数投资人来说，分散投资的方法的确很安

　　如果你不情愿在10年内持有一种股票，那么你就不要考虑哪怕是仅仅持有它们10分钟。

　　——股神巴菲特

全，因为所有的波动都被分散投资抵消了。但事情的另外一面是，获利曲线相对平坦而乏善可陈。所以分散投资的方法虽然不会引起客户太大的情绪反应，但永远只能获得较为一般的利润。具体来说，我们进行集中投资、长期持股，可从以下几方面着手：

（1）选择 10 到 15 家未来能获利增长并能延续过去良好表现的绩优股；

（2）分配投资资金时，要将大部分资金集中投资于未来能够高速增长的企业；

（3）只要股票市场不持续恶化，至少 5 年保持投资组合不变，可能的话，越久越好。同时做好充分的心理准备，不被股票价格的短期波动所左右。

但是，值得长期持有的公司必须是优秀的公司，并且只有在这些优秀的公司一直保持优秀之前我们看中的状况，我们才能继续持有它们。

记住，随便买，只会使你的盈利不多。因为，这使你在股市偏低和偏高时，都有定期买入的现象。想想看，为什么巴菲特今天手上拿着总值近 400 亿美元的现金而还未投资！

我们不要一直手痒而想要这里尝试一些、那里买一点，如果希望能够碰运气的话，反而是集中精力寻找几家非常优秀的公司更好一些，这样，我们就能够确保自己不随便投入资金买入自己不值得投资的公司的股票。

长期投资能减少摩擦成本

对于投资者而言，现实的问题是由于摩擦成本的存在，股东获得的收益肯定要小于公司的资金积累。如果这种摩擦成本呈现越来越高的趋势，那么势必会导致投资者未来的收益水平的降低，当然也会更低于该上市公司的收益水平。在交易大厅中，总会有一群伶牙俐齿的家伙，百般劝说每一个投资者去卖掉某只股票，同时买入另一只股票。你需要知道的是，他们只是意图获得更多的手续费用，因为随着你交易次数的不断增加，这些伶牙俐齿的家伙就会从中获取越来越多的佣金。

巴菲特说："事实上，摩擦成本是存在的，这样导致股东获得的收益肯定要比公司的收益要少。我个人的看法是：如果这些成本越来越高，就会导致股东们未来的收益水平要远远低于他们的历史的收益水平。"

巴菲特认为，摩擦成本可以削减股东的收益，从而使股东的未来收益要低于他们预期的水平。所以他支持的是，如果投资者不准备 10 年持有某只股票的话，频繁地买进卖出会大大增加股票投资的摩擦成本，从而变相降低投资回报率。

一个真正称得上长期投资的例子是，道琼斯工业指数从 1899 年 12 月 31 日的 66 点上涨到 1999 年 12 月 31 日的 11 497 点，这整整 100 年间上涨了 173 倍，看起来升幅非常大，其实原因很简单，那就是 20 世纪美国的企业经营得非常出色。投资者只要凭借企业繁荣的东风，躺在那里持股不动，就可以赚得盆满钵满了。

巴菲特说，绝大多数投资者都没能赚到这样大的投资回报，这不能怪别人，只能怪自己。因为正是投资者受到了一系列伤害，才在相当大的程度上减少了本该属于他们的投资回报。

巴菲特这里所指的一系列伤害，主要是指股票投资中频繁地买进卖出。他说，这可以从一个最基本的事实来理解：在大多数情况下，投资者所能得到的投资回报应该和企业在这期间内所能获得的收益同步。

也就是说，如果投资者 100% 拥有这家公司，而该公司在这

10 年间的积累增长了 10 倍，那么毫无疑问，这 10 倍资金积累都是这位投资者的。同样的道理，如果有 1 万名股东拥有该上市公司，那么这笔资金积累就应该是这 1 万名股东按照持股比例进行分配的。

然而现实是，这 1 万名股东中有的赚到了平均数，有的超过平均数，有的甚至还造成了亏损。投资者 A 通过聪明地买入卖出，能够得到比 B 更多的投资收益，但总体来看，这些 A 们和 B 们的盈亏是相等的。当股市上涨时，所有投资者都觉得自己赚钱了，但其中有一个投资者要抛出该股票，必定需要得到其他投资者的接盘才能实现交易。所以，如果不考虑摩擦成本的话，他们的盈亏是相等的。

现在的问题是，由于摩擦成本的存在，股东获得的收益肯定要小于公司的资金积累。巴菲特的看法是，这种摩擦成本有越来越高的趋势，相比而言，投资者未来的收益水平要远远低于过去的收益水平，当然更要低于该上市公司总的收益水平了。

巴菲特在伯克希尔公司 2005 年的年报中，以美国人最容易理解的一个故事对此进行了解释。他说："你可以想象一下，如果美国所有的上市公司都被某一个家庭拥有，并且这种情形将永远持续下去，姑且称之为 Gotrocks。这个家庭在把投资所得分红纳税后，将会由于这些公司所获得的利润越来越多而变得越来越富有。就目前而言，美国所有上市公司的年利润大约为 7 000 亿美元，也就是说，这个家庭每年都有差不多 7 000 亿美元的收入。当然，其中必须有一部分要用于生活开支，但这个家庭每年的积蓄还是会以稳定复利不断增长的。并且，在这个 Gotrocks 大家庭里，所有人的财富都会以同样的速度增长，一切都显得协调有序。"

长期投资有利于实行"三不主义"

中国投资者对长期持股特别反感，因为长期持有某只股票以后，放在那里几年股价反而越来越低。实际上，这并不是长期投资的错，而是你没有根据内在价值选股的原因，或是因为你当初买入的价格太高了。巴菲特给投资者的建议是，长期投资必须要耐得住寂寞，这就像出差到一个小镇上住在小旅馆里什么娱乐都没有，只能躺着睡觉一样。尤其不要去看大盘、不相信技术分析、不去预测股市，这些做法都对长期投资没有好处。

1992年，沃伦·巴菲特在致股东的信里写道："我们很喜欢买股票，不过对于卖股票则要另当别论了。仅从这点来看，我们的步伐就像是一个旅行家发现自己身处仅有一个小旅馆的小镇上，房间里没有电视，面对漫漫无聊的长夜，突然间他发现桌上有一本名为《在本小镇可以做的事》的书。这令他很兴奋，于是他翻开了这本书，但是书里却只有短短的一句话：'那就是你现在在做的这件事。'"

巴菲特讲上面这个小故事是想说，这位旅行家依然没有其他任何事情可以做，但是他的实际用意是，投资者一旦买入了某只股票，一定要多看少动，只做价值投资，实行"三不主义"，即不去看大盘、不相信技术分析、不去做预测。不要以为这种做法只适合于美国股市，事实上，在中国的股市也同样适用。

例如，中国一位著名的投资者，开始的时候也和大多数人一样，依据技术分析炒股。每天的任务就是坐在电脑前看技术图形，但是最后的结果却令人很失望。他在1999年开始研究巴菲特，并且努力用巴菲特的长期投资、价值投资理念对自己的行动计划进行指导，把稳赚不赔作为最重要的原则。从1999年开始到2007年大牛市之前的熊市中，他依然每年取得了30%以上的投资收益率。如果只从

投资就像打棒球一样，想要得分，大家必须将注意力集中到球场上，而不是紧盯着记分牌。
——股神巴菲特

表面的数据上来看，这样的业绩已经超过巴菲特了。

实行"三不主义"的主要理由是什么呢？究其原因，对于长期的投资者来说，这三样东西会动摇你的长期投资理念，不但对你没有帮助，反而会有害，最终会使你无法获得长期的丰厚的回报率。

那么，如何对长期投资做出预测呢？巴菲特是怎么实现的呢？拿中国读者最容易理解的一个例子来说：假如手机出现了，这时候巴菲特就会考虑是不是要卖掉手中原来持有的传呼机公司的股票；如果现在的消费者都买数码相机，没人再去买原来的那种胶卷相机了，这时候他就会考虑是不是要卖掉手中原来拥有的胶卷相机公司的股票。如果手中原来就没有这样的股票，那么今后就更不会去碰它了。

对于中国投资者来说，要做出投资的长期预测只需要做到对世界经济和中国经济以及行业发展有个大致的判断就够了。理所当然，只是依靠这样的预测，还是对买入哪只股票无法做出准确的预测，投资者要做的主要功课就是对某只股票的内在价值进行判断。当该股票的内在价值大大高于其股价时，大胆买入这样的股票并长期持有，就一定会获得丰厚的回报。

长期投资能推迟并减少纳税

长期投资有助于推迟纳税，并且还能合理避税。不要小看这仅一点点的差异，这对于投资者来说所得到的回报却是有天壤之别的。不过需要指出的是，由于我国目前还没有把股票投资所得纳入个人所得税的征税范围，这一点有很大不同。所以投资者在考虑长期投资时，可以暂时不考虑该因素。

1989年沃伦·巴菲特在致股东的信里写道："假如我们拥有一家年赚1 000万美元的公司10%的股权，那我们需要按照比例将分得的100万美元中的部分支付给当地州政府与联邦所得税，其中包含约14万美元的股利税负（我们大部分的股利税率为14%）；至少35万美元的资本利得税，假如这100万没有进行分配，而后我们又要对公司进行处分（我们适用的税率约在35%，但有时也可能接近40%）。当然，只要我们对该项投资不进行处分，这笔税负虽然可以一直递延下去，但最后我们还是需要支付这笔税金的。事实上，政府可以说是分享我们利润的主要合伙人之一，只是投资股票要分两次，而投资事业则只能分一次。"

巴菲特上面这段话其实解释了为什么从经济实质而言，他更倾向于长期投资。因为长期投资会有助于推迟并减少纳税。这也是长期投资给投资者带来的好处之一。

如果伯克希尔公司只有1万美元的投资，此外它每年所能获得个人投资者完全不必打听是不是真的有所谓机构主力，或者机构主力的股票操作策略。如果股市中根本不存在所谓机构主力，那么这种打听就完全是捕风捉影；如果真的有这种所谓机构主力存在，那你只要掌握长期投资这一法宝，就能轻松战胜它们。

的投资报酬率为1倍。在这种情况下，假如伯克希尔公司每年都会将股票卖出去，但是因为卖出股票要交纳34%的所得税，这样重复了19年以后，在这20年间伯克希尔公司一共需要给美国国库上交13 000美元的税金，而自己则可以得到25 250美元。表面上看起来这是一项不错的投资，但假如你在这20年间一直持股不动，也就是什么事情都不做，最终的投资回报却可以高达1 048 576万美元。在扣除34%的税金即356 516美元的所得税后，自己可以得到692 060美元。这个数字对于前者来说就是倍数的关系，大概你都会为这个差距而感到惊讶了。

如果你仔细研究一下上面的案例就会发现，长期投资无论是对个人投资者还是对政府而言，都是双赢局面。正如上面的例子所述，如果伯克希尔公司在这20年间一直保持持股不动，在伯克希尔公司的投资回报率大大提高的同时，政府从中收取的所得税也比前者要高得多。但是不一样的是，政府需要等到20年结束后，伯克希尔公司出售该股票时，才能将这笔税金悉数入库。

巴菲特坦言道，需要强调的是，伯克希尔公司的长期投资理念不仅仅是因为这种简单的数字逻辑。与此同时，它们对与上市公司双方之间建立起来的商业合作关系，会更加珍惜，这也会成为一个重要因素。更不用说，这种长期投资的前提是该股票本身就值得长期拥有。

长期投资有助于战胜机构主力

投资者要按照价值投资的标准来对股票进行选择，这样，股票的数量已经不多了，更何况需要你耐得住寂寞。手中握有大量现金，遇到股市低迷时，不到真正物有所值之时绝不轻易出手，这些都会决定买到内在价值高于股价的投资品种。机构主力需要定期接受业

绩的考核，虽然它们也整天吵着价值投资和长期投资，但是他们不
会真正地付诸行动。相反，个人投资者是不需要人为地设置这些障
碍的，他们完全可以和机构主力比耐力。

1988 年巴菲特在给股东的信里说："我们希望能够吸引那些有
远见的投资者，因为在他们买入股票后，他们抱着与我们永远同在
而不是订有卖出价格的时间表的打算。我们对于有的公司的 CEO，
希望自己公司的股份交易量越多越好的行为，十分不理解，这意味
着公司的股东组合会变来变去。比如在其他组织像学校、俱乐部、
教堂等社会机构中，没有哪位主持人会希望自己的组织成员离开（然
而偏偏有的营业员就是要靠着说服成员离开组织来维生）。"

巴菲特认为，长期投资是投资者想战胜机构主力的唯一办法。
因为长期投资可以比耐性，你拖得起，机构主力可拖不起。如果要
比快进快出，你未必是它们的对手。要知道，在中国股市中，个人
投资者是很惧怕机构主力的，有些个人投资者甚至唯机构主力马首
是瞻，千方百计打听的小道消息也主要是机构主力什么时间进货、
出货了，是哪家机构主力？这有点像龟兔赛跑的寓言故事。在股票
投资中，兔子属于消息灵通、动作迅速的机构主力，而那些面广量
大的个人投资者则是一只只小乌龟了。乌龟如果想要在短时间内和
兔子比速度，结果不言自明；可是如果要和兔子比耐力，最终结果
是不一样的。最起码，乌龟的寿命要大大长于兔子。当兔子一命呜
呼之后，乌龟依然可以在那里慢慢地匍匐着前进，这就是它最大的
寿命优势。

以巴菲特的一项投资为例，2002 年 2 月 21 日，纳斯达克指数已
经跌到 1 349 点时，巴菲特仍然坚持相信："尽管股市已经跌了 3 年，
普通股票已经大大增加了投资的吸引力，但我们仍然认为，即使值
得我们产生中等兴趣的可投资股票也是寥寥无几了。"接下来，巴

菲特不是逐步买入股票，而是一再坚持股票。到 2003 年年末时他手里拥有的现金已经高达 360 亿美元。

对于巴菲特来说，无论是买入股票还是卖出股票，他都有极大的耐心与机构主力进行比拼，虽然伯克希尔公司本身就是一家规模庞大的机构主力。拥有这样的耐心，只需要一些时间，就能在内在价值的顶部买到自己心仪的股票，然后在内在价值的底部卖出手中的股票，这个差价就已经很惊人了。

当然，我们还应该注意，长线投资绝不是不分青红皂白，随便抓只股票就长线投资。有些投资者认为长线投资就是在股价低时买进，然后长线持有，就一定能获利。其实，股票的质地是非常重要的，如果对个股的基本面没有充分的分析研究，不管个股是否具有上升潜力，随便抓只股票就长线投资，那么极有可能没有收获，甚至是负收益。

长线投资不能不闻不问。有些投资者认为长线投资就像银行存款一样，买了股票之后不闻不问，指望闭着眼发大财。这简直无异于掩耳盗铃。

长线投资要有具体的操作计划方案。这些方案的制订，有利于投资者贯彻投资思维，坚持持股信心，并最终取得长线投资的成功。但是，市场中的环境因素是不断发展变化的，我们要根据股价涨升的趋势，及时地调整方案和目标，让方案和目标为自己服务，而不能被方案和目标束缚住手脚。

长线投资终究还是需要卖出的。投资者不要忘记长线投资的根本目的是获利，当股价的上升势头受到阻碍，或市场的整体趋势转弱，或当上市公司的发展速度减缓，逐渐失去原有的投资价值时，投资者应当果断地调整投资组合，斩仓卖出。

挖掘值得长线投资的不动股

作为一般投资人，只要我们沿着这个路径，就能像巴菲特那样，从所有朝阳行业中找到具有"不动股"潜质的股票，不再依赖股评家荐股而相信自己，这也许是未来炒股的新视角。

1996 年巴菲特在致股东的信里写道："当然，股东持有股份的时间越长，伯克希尔的表现与该公司的投资经验就会越来越接近，他买进或是卖出股份的股票价格相对于实质价值折价或是溢价的影响程度，也会越来越小。这正是我们希望能够吸引长期投资者加入的原因之一。总的来说，从这个角度来看，我们做的是相当成功的，伯克希尔公司大概是在美国大企业中拥有最多具有长期投资观点股东的公司。"

他选择投资标的物时，从来不会把自己当作市场分析师，而是把自己视为企业经营者。巴菲特选择股票前，会预先做许多充分的功课，了解这家股票公司的产品、财务状况、未来的成长性，乃至潜在的竞争对手。他总是通过了解企业的基本状况来挖掘值得投资的"不动股"。

事实上，我们也要学习巴菲特挖掘值得投资的"不动股"的方式，事先做好功课，站在一个较高的视角，提供一种选股思路。我们要发掘的值得长线投资的"不动股"是价值被低估的股票，它可以是以下几种类型中的一种：

1. 知识产权和行业垄断型

这类企业发明的专利能得到保护，且有不断创新的能力，譬如美国的微软等企业。我们以艾利森的 Oracle 股票为例，1986 年 3 月 12 日上市时是每股 15 美元，而今拆细后每股市值是 6 000 多美元，15 年前买入一动不动的话，今天就是一个百万富翁。可以想象，国

内的以中文母语为平台的软件开发企业，牵手微软的上市公司，15
年后将是什么模样？

2. 不可复制和模仿型

世界上最赚钱且无形资产最高的，不是高科技企业，而是碳酸
水加糖，可口可乐百年不衰之谜就在于那个秘而不宣的配方。而国
内同样是卖水起家的娃哈哈，其无形资产就达几百亿。倘若我们生
产民族饮料的上市公司，能够走出国门，前景将是多么广阔？而为
可口可乐提供聚酯瓶的企业，生命周期会短吗？

3. 资源不可再生型

譬如像驰宏锌诸、江西铜业、宝钛股份、云南锡业等，其因资
源短缺，而促使产品价格将长期向上。

4. 现代农业型

中国有广袤的耕地，有耕地就需要种子，像袁隆平研究出一样
优良的种子公司一定会果实遍地。同时，另外饲养牲畜得有饲料，
像希望集团等饲料企业，就充满了"希望"。

5. 金融、保险、证券业型

譬如已经上市和即将上市的多家银行，平安保险、中国人寿、
控股国华人寿的天茂集团和以中信证券为代表的证券公司，其成长
性都既稳定又持久。

6. 变废为宝的清洁能源环保型

垃圾遍地都是，能让垃圾变成黄金，将会使投入和产出形成多
大的落差？譬如以垃圾发电的凯迪电力、深南电力等。此外，以风电、
光伏为代表的清洁能源，像湘电股份、天威保变、江苏阳光、赣能
股份等，是未来发展的方向。

7. 传媒教育业型

传媒教育业因进入门槛高，垄断性强而值得长线投资，譬如新

华传媒、华闻传媒、歌华有线等,因大股东注入新的资产,将重获新生。

8. 投资基金型

投资基金以其专家理财的优势持有大量的优质股票,净值成倍增长,具有高出银行利率数十倍的分红能力,是风险最小、长线投资回报极高的品种之一。

9. 公用事业能源物流交通型

譬如机场、港口、集装箱、能源、供水、路桥等企业,此类企业因行业风险较小,一次投资大,持续成长周期长,而适合稳健型长期投资。

10. 以中药为原料的生物工程型

中国已经上市的公司中,有的已经研制出抗癌药物和抑制艾滋病毒的药物,一旦形成市场规模和打入国际市场,其价值将超过美国辉瑞公司的万艾可。譬如有的股价还十分低廉的医药公司,已经生产出抗癌药"红宝太圣"。目前有一家业绩平平的医药上市公司独家生产的赛斯平和环孢素,是人体器官移植者终身必服的药物。中国有数十万人等待着器官移植,一旦这个市场被打开,其前景将十分惊人。

11. 国际名牌型

譬如已经走向世界的格力电器、联想集团、青岛啤酒等,随着国际市场份额的扩大,企业将永葆青春活力。

12. 地产行业型

人民币升值使地产业成为最大的受益者,该行业的龙头像万科、保利地产以及举办奥运和世博会的北京、上海的地产公司都值得长线投资。

巴菲特长期持有的股票类型

　　股票投资是一种风险较大的投资，其风险的存在让你不得不考虑投入资金的安全性。股票投资风险来源于企业、股票市场和购买力三个方面，而投入资金的安全与否首先取决于企业的经营状况。在考察这些情况的时候，股票投资者要坚持投资活动的自主性，独立思考，自主判断，靠自己提醒自己，安全第一。正如巴菲特所说："现在避免麻烦比以后摆脱麻烦容易得多。"

　　巴菲特说："我认为投资者应尽可能少地进行股票交易。一旦选中优秀公司大笔买入之后，就要长期持有。"

　　巴菲特认为，投资不是一种短期的行为，它需要的是长期持股，但是并不是每种股票都值得你长期持有。实际上，为巴菲特所认同的股票也不过几种，主要有：

　　1. 能持续获利的股票

　　巴菲特判断股票持有还是卖出的主要标准是公司是否具有持续获利的能力，而不是其价格的上涨或者下跌。他所认为的持续获利的能力，可以根据报告中的一些项目进行综合分析。具体的公式为：营业利润＋主要被投公司的留存收益－留存收益分配时应缴纳的税款，这样经过汇总后就能够得出该公司的实际盈利。

　　这样的方式将会迫使投资人思考企业真正的长期远景而不是短期的股价表现，这种长期的思考角度有助于改善其投资绩效。无可否认，就长期而言，投资决策的记分板还是股票市值，但股价将取决于公司未来的获利能力。投资就像打棒球一样，要想得分，大家必须将注意力集中在球场上，而不是紧盯着记分板。如果企业的获利能力短期内发生暂时性变化，但并不影响其长期的获利能力，投资者应继续长期持有。但如果公司的长期获利能力发生根本性变化，投资者就应毫无迟疑地卖出。除了公司的盈利能力以外，其他因素如宏观经济、利率、分析师评级等，都无关紧要。

2. 安全的股票

不管将资金购买何种股票，如果没有安全系数的保障，非但得不到预期的收益，还会有赔本的可能。

巴菲特的重点在于试图寻找到那些在通常情况下未来10年或者15年、20年后的企业经营情况是可以预测的企业，因为这些企业具有安全性。

事实上，安全的企业经常是那些现在的经营方式与5年前甚至10年前几乎完全相同的企业。当然，管理层绝不能因此过于自满。企业总是有机会进一步改善服务、产品线、生产技术等，这些机会一定要好好把握。但是，一家公司如果经常发生重大变化，就可能因此经常遭受重大失误。

在1977～1986年，《财富》杂志统计1000家世界500强企业中只有25家能够连续10年平均股东权益报酬率达到20%，且没有1年低于15%。

对于中国投资者，在选择长期投资目标的时候，也可以按照巴菲特的方法对股票进行选择。通常情况下这样的股票都有两个显著的特点：

（1）其中的大企业只使用相对于其利息支付能力来说很小的财务杠杆，真正的好企业并不需要借款。

（2）除了一家企业是高科技企业和其他几家是制药企业之外，绝大多数企业的业务一般都非常普通，它们大都出售的还是与10年前基本上完全相同的且并非特别引人注目的产品。

金
律
三

集中投资：
在赢的概率最高时，下大注

精心选股，集中投资

怎样才能做到集中投资？问题的关键是投资者要把购买该股票当作是全部收购该企业一样来看待。功夫要花在对该公司的考察以及内在价值的评估上，而不是频繁进出。

1984 年巴菲特在给股东的信中说："以我们的财务实力，我们可以买下少数一大笔我们想要买的并且价格合理的股票。比尔·罗斯形容过度分散投资的麻烦：如果你拥有 40 位妻妾，你一定没有办法对每一个女人都认识透彻。从长期来看，我们集中持股的策略最终会显示出它的优势，虽然多少会受到规模太大的拖累，就算在某一年度表现得特别糟，至少还能够庆幸我们投入的资金比大家要多。"

他认为多元化是针对无知的一种保护。它不仅不会降低你的投资风险，反而会分摊你的投资利润，集中投资反而可以帮助我们集中收益。

当然，集中投资的前提是精心选股。一般说来，应集中投资于下述三种股票：

1. 集中投资于最优秀的公司

"作为投资者，我们都想投资于那些业务清晰易懂、业绩持续优异、由能力非凡并且为股东着想的管理层来经营的优秀公司。这种目标公司并不能充分保证我们投资盈利：我们不仅要在合理的价格上买入，而且我们买入的公司的未来业绩还要与我们的估计相符。但是，这种投资方法——寻找超级明星——给我们提供了走向真正成功的唯一机会。"

"如果你是一位学有专长的投资者，能够了解企业的经济状况，并能够发现 5 ~ 10 家具有长期竞争优势的价格合理的公司，那么传统的分散投资对你来说就毫无意义，那样做反而会损害你的投资成果并增加投资风险。我们不明白的是，为什么那些分散投资的信奉者会选择一些在他喜欢的公司中名列前 20 位的公司来进行投资，而不是很简单地只投资于他最喜欢的公司——他最了解、风险最小并且利润潜力最大的公司。"

"其实作为投资者，我们的收益来自一群由企业经理人组成的超级团队的努力，他们管理的公司虽然经营着十分普通的业务，但是却取得了非同寻常的业绩，我们集中投资所要寻求的就是这类优秀的公司。"

2. 集中投资于你熟悉的公司

投资者为了真正规避风险，在投资时必须遵循一个能力圈原则。你并不需要成为一个通晓每一家或者许多家公司的专家，你只需要能够评估在你能力圈范围之内的几家公司就足够了。能力圈的大小并不重要，重要的是你要很清楚自己能力圈的边界。

作为一名投资者，你的目标应当仅仅是以理性的价格买入你很容易就能够了解其业务的一家公司的部分股权，而且你可以确定在从现在开始的 5 年、10 年、20 年内，这家公司的收益实际上肯定可以大幅度增长。在相当长的时间里，你会发现仅仅有几家公司符合这些标准，所以，一旦你看到一家符合以上标准的公司，你就应当买进相当数量的股票。

我们的策略是集中投资。我们应尽量避免当我们只是对企业或其股价略有兴趣时，这种股票买一点、那种股票买一点的分散投资做法。当我们确信这家公司的股票具有投资吸引力时，我们同时也相信这只股票值得大规模投资。

"只有很少的公司是我们非常确信值得长期投资的。因此，当我们找到这样的公司时，我们就应该持有相当大的份额，集中投资。"

"当我们认为我们已经认真研究而且可以在有吸引力的价位上买入时，以我们的财务实力，我们能够在这少数几只股票上大规模投资。长期来说，我们集中持股的政策肯定会产生卓越的投资回报，尽管多少会受到伯克希尔公司规模太大的拖累。"

3. 集中投资于风险最小的公司

巴菲特之所以采用集中投资策略，是因为集中投资于投资者非常了解的优秀企业股票，投资风险远远小于分散投资于许多投资者根本不太了解的企业股票。

"在股票投资中，我们期望每一笔投资都能够有理想的回报，因此我们将资金集中投资在少数几家财务稳健、具有强大竞争优势，并由能力非凡、诚实可信的经理人所管理的公司股票上。如果我们以合理的价格买进这类公司，投资损失发生的概率通常非常小，在我们管理伯克希尔公司股票投资的 38 年间（扣除通用再保与政府雇员保险公司的投资），股票投资获利与投资亏损的比例大约为 100 ∶ 1。"

集中投资，快而准

在某种程度上，集中投资是对投资不确定性的一种回避，使投资尽量具有确定性后再投资，这在客观上存在一定难度。集中投资具有将更大比例甚至全部比例的资金筹码投资于高概率的收益品种上的特点。在集中投资前，精密仔细地分析研究和把握是必需的。在投资的过程中个人投资者需要做到富有耐心，客观地、仔细地分析以应对股市不可预测的风险。

巴菲特认为既然集中投资是市场赋予个人投资者的一个优势，那么个人投资者更应该利用这个优势。事实上，集中投资这种方法尽管是一种快而准的投资方式，但长期被市场投资者所忽略。我们身边的不少个人投资者，10 万元资金拥有 5 只以上股票的人不在少数，而这些人绝大部分是赔钱的。其实在现在的市场规模和流动性中，就算是 1 000 万的资金拥有一只股票也未尝不可，作为个人投资者更多要做的是投资背后的功夫。

美国投资大师林奇在《战胜华尔街》中就表达过类似的观点：

"在众多的股票中找到几个十年不遇的大赢家才是你真正需要做的。如果你有 10 只股票，其中 3 只是大赢家，一两只赔钱，余下 6 ～ 7 只表现一般，你就能赚大钱。如果你能找到几个翻 3 倍的赢家，你就不会缺钱花，不管你同时选了多少赔钱的股票。如果你懂得如何了解公司的发展状况，你就会把更多的钱投入到成功的公司中去。你也不需要经常把钱翻 3 倍，只需一生中抓住几次翻 3 倍的机会，就会建立相当可观的财富。假若你开始投资时用 1 万美元，然后有 5 次机会翻 3 倍，你就可以得到 240 万美元；如果有 10 次翻 3 倍的机会，你的钱就变成了 5.9 亿美元。"

巴菲特说："不要把鸡蛋放在一个篮子里，这种做法是错误的，投资应该像马克·吐温那样，把所有鸡蛋放在同一个篮子里，然后小心地看好这个篮子。我们的投资集中在少数几家杰出的公司上。我们是集中投资者。"选股不在多，而在于精。我们常说"精选"，就意味着少选，精在于少，而不在于多。巴菲特告诉我们，选择越少，反而越好。

巴菲特认为，我们在选股时态度要非常慎重，标准要非常严格，把选择的数量限制在少数股票上，这样反而更容易做出正确的投资决策，更容易取得较好的投资业绩。1977 ～ 2004 年这 27 年间，巴菲特研究分析了美国上市的 1 万多只股票，却只选了 22 只，1 年多才选 1 只，而其中重仓股只有 7 只，4 年左右才选出一只重仓股。巴菲特按照严格标准选出这 7 只股票，做出投资决策反而很容易，其中包括可口可乐、吉列、华盛顿邮报，这些都是我们非常熟悉、众所周知的好公司。

在巴菲特的股票投资中，他选的 7 只超级明星股，只投资了 40 多亿美元，就赚了 280 多亿美元，占了他股票投资总盈利的 9 成左右。可见，1 只优质股胜过 100 只甚至 1000 只垃圾股。

巴菲特说："对于每一笔投资，你都应该有勇气和信心将你净资产的 10% 以上投入此股。"可见，巴菲特认为同时持有 10 只股票就够了。巴菲特的投资业绩远远超过市场的平均水平也正得益于此。事实上，很多年份巴菲特重仓持有的股票不到 10 只。他集中投资的股票数目平均只有 8.4 只左右，而这几只股票的市值占整个投资组合的比重平均为 91.54%。

对中小股民来说，集中投资是一种快而准的投资方式。因为个人投资者相对于机构投资者在集中投资上更有优势。机构投资者即便再集中，政策确定、回避风险和其他基金的竞争不可能使其资金过分地集中在几只股票上，个人的特征也决定了进行集中投资是快而准的。

集中投资，关注长期收益率

假如你一年要买卖股票几十次，除非你比巴菲特和凯恩斯都聪明。投资者最忌讳的是游击战术，打一枪换一个地方的投资者，只能算是投机者。事实上，没有几个投机者能不败下阵来。为了不在股市血本无归，我们需要进行集中投资。

巴菲特说："我们宁愿要波浪起伏的 15% 的回报率，也不要四平八稳的 12% 的回报率。"

上面虽然只是巴菲特简短的一句话，但是实际上他强调的就是集中投资的重要性，采用集中的持续竞争优势价值策略就有了一定的竞争优势。既然集中投资既能降低风险，又能提高回报，那么短期的业绩波动大些又何妨？国外许多价值投资大师都以他们出众的投资业绩以及大量实证证明了集中投资可以取得较高的长期收益率。

以凯恩斯管理的切斯特基金为例来说，在 1928 ～ 1945 年的 18

年间，年平均投资回报率以标准差计算的波动率为 29.2%，相当于英国股市波动率 12.4% 的 2.8 倍，但其 18 年中年平均回报率为 13.2%，而英国股市年平均回报率只有 0.5%。

又如，查理·芒格管理其合伙公司时，将投资仅集中于少数几只证券上，其投资波动率非常巨大。在 1962 ~ 1975 年的 14 年间，年平均投资回报率以标准差计算的波动率为 33%，接近于同期道琼斯工业平均指数波动率 18.5% 的 2 倍。其 14 年间的平均回报率相当于道琼斯工业平均指数平均回报率 6.4% 的 4 倍，达到 24.3%。

再如，比尔·罗纳管理的红杉基金采用高度集中的投资策略，每年平均拥有 6 ~ 10 家公司的股票，这些股票约占总投资的 90% 以上，其投资波动率非常巨大。在 1972 ~ 1997 年的 26 年间，年平均投资回报率以标准差计算的波动率为 20.6%，高于同期标准普尔 500 指数波动率 16.4% 的 4 个百分点。但其 14 年的年平均回报率为 19.6%，超过标准普尔 500 指数年平均回报率 14.5%。1987 ~ 1996 年，巴菲特管理的伯克希尔公司的主要股票的投资平均年收益率为 29.4%，比同期标准普尔 500 指数平均年收益率 18.9% 高出 5.5%。

如果巴菲特没有将大部分资金集中在可口可乐等几只股票上，而是将资金平均分配在每只股票上，那么同等加权平均收益率将为 27%，比集中投资 29.4% 的收益率要降低 2.4%，其相对于标准普尔 500 指数的优势减少了近 44%。如果巴菲特不进行集中投资，而采用流行的分散投资策略，持有包括 50 种股票在内的多元化股票组合，那么即便假设伯克希尔公司持有的每种股票占 2% 权重，其分散投资的加权收益率也仅有 20.1%。

还有，股神巴菲特管理的伯克希尔公司在过去的 41 年（至 2006 年）来，也就是巴菲特从 1965 年接手之后，伯克希尔公司每股净值由当初的 19 美元增长到现在的 50 498 美元。"二战"后，美国主要股票的年均收益率在 10% 左右，巴菲特却达到了 22.2% 的水平。由于伯克希尔公司以上收益中同时包括了股票投资、债券投资和企业购并等，所以并不能直接反映巴菲特股票投资的真实的收益水平。

准确评估风险，发挥集中投资的威力

采取集中投资战略是防止我们陷入传统的分散投资教条。许多人可能会因此说这种策略一定比组合投资战略的风险大。这个观点并不是十分正确的。投资者应该相信，这种集中投资策略使投资者在买入股票前既要进一步提高考察公司经营状况时的审慎程度，又要提高对公司经济特征满意程度的要求标准，因而更可能降低投资风险。在阐明这种观点时，我们可以将风险定义为损失或损害的可能性。

巴菲特在 1996 年伯克希尔公司的年报中讲道："我们坚信，计算机模型预测的精确性也不过是臆断和毫无根据的猜测。事实上，这种模型很有可能会诱使决策者做出完全错误的决定。在保险和投资领域，我们曾经目睹过很多类似原因造成的灾难性结果。所谓的'组合保险'在 1987 年市场崩溃期间带来的破坏性结果，让一些笃信计算机预测的人们大跌眼镜，到那时，他们才真正意识到，真应该把这些计算机扔到窗外。"

巴菲特认为确定风险不是通过价格波动，而是通过公司的价值变动。所谓风险是指价值损失的可能性而不是价格的相对波动性。集中投资于被市场低估的优秀公司比分散投资于一般公司更能够降低真正的投资风险。

据《中国证券报》报道，2006 年 12 月，深圳万科的有限售条件的股份可以在二级市场上进行交易，这个消息对于万科最大的个人股东王先生来说是一个里程碑式的好消息。他所持有的万科公司的股票可以上市流通了。

其实，王先生当初持有万科股票，是基于对公司管理层的信任，1988年12月末，万科正式向社会发行股票，由于一家外商的临时变卦，在紧急时刻王先生投资400万元认购了360万股。在公司发展的快速扩张时期，他也积极参与项目的判断并给出了自己的建议。

基于对万科公司的了解和信任，王先生开始集中投资于万科公司的资料显示，1988年持有万科股票360万股，1992年王先生持有万科股票370.76万股，以后通过送股和配股以及二级市场的增持，1993年拥有503.29万股，1995年的股数为767万股，2004年为3 767.94万股，2006年为5 827.63万股。前后18年，王先生总共用400万元集中持有了万科的5 827.63万股非流通股，这些股的回报率达到了176倍。2007年3月，回报率更是达到了300倍左右。

可以说，深圳万科的个人投资者王先生通过集中长期持有万科公司的股票获得了巨大的收益。由此看来，集中投资虽不能让我们在短期内获得暴利。但是从长期来看，其所带来的总回报率是远远超过市场的平均水平的。所以，集中投资需要我们有长远的眼光，关注长期的收益率，而不要过分迷恋于短期的收益。

在赢的概率最高时下大赌注

不是每个投资者都可以准确地计算出自己的概率，也并不是让每个投资者都努力成为桥牌高手。虽然巴菲特借助打桥牌来计算成功的概率并不合适每个人，但是我们可以从中学习他的这种思维模式，时刻保持对股市全局的审视。先判断什么是理性的事情，然后再权衡输与赢的比率。

　　巴菲特说："集中投资要求我们集中资本投资于少数优秀的股票。在应用中最关键的环节是估计赢的概率及决策集中投资的比例，其秘诀就是在赢的概率最高时下大赌注。"

　　巴菲特所谓的赢的概率，其实是对所投资的企业价值评估的准确概率，而估值的准确性又取决于对企业未来长期的持续竞争优势进行预测的准确概率。

　　估计成功的概率与我们在数学中学习的概率计算有很大的不同。传统的概率计算以大量的统计数据为基础，根据大量重复性试验中事件发生的频率进行概率计算。但是，我们投资的企业永远面临着与过去不同的竞争环境、竞争对手及竞争对手的竞争手段，甚至我们投资的企业自身都在不断的变动之中，一切都是不确定的，一切也都是不可重复的。所以，我们根本无法计算企业竞争成功的频率分布，也根本无法估计成功的概率是多少。

　　但是为了保证投资获利，我们又必须估计成功的概率。一个有

在赢的概率最高时，下大注。
　　　　—— 股神巴菲特

些类似的例子是足球彩票竞猜。每一次曼联队面临的对手可能都是不同的球队，即使是相同的球队，其队员和教练也可能有了许多变化，曼联队自身的队员及其状态也有许多变化，同时双方队员当天比赛的状态和过去绝不会完全相同，队员之间的配合也会和过去有很大的不同。那么，曼联队今天会输还是会赢呢？不管我们有多么庞大的历史数据库，也根本找不到与今天比赛完全相同的、完全可重复的历史比赛数据来进行概率估计。由此，我们唯一可做的便是进行主观的概率估计。

虽然主观评估赢的概率没有固定的模式可依据，但我们可以借鉴股神巴菲特的成功经验——他是用打桥牌的方法来估计成功概率的。

巴菲特一星期大约打12小时的桥牌。他经常说："如果一个监狱的房间里有3个会打桥牌的人的话，我不介意永远坐牢。"他的牌友霍兰评价巴菲特的牌技非常出色："如果巴菲特有足够的时间打桥牌的话，他将会成为全美国最优秀的桥牌选手之一。"其实打桥牌与股票投资的策略有很多相似之处。巴菲特认为："打牌的方法与投资策略是很相似的，因为你要尽可能多地收集信息，接下来，随着事态的发展，在原来信息的基础上，不断添加新的信息。不论什么事情，只要根据当时你所有的信息，你认为自己有可能成功的机会，就去做它。但是，当你获得新的信息后，你应该随时调整你的行为方式或你的做事方法。"

伟大的桥牌选手与伟大的证券分析师，都具有非常敏锐的直觉和判断能力，他们都在计算着胜算的概率。他们都是基于一些无形的、难以捉摸的因素做出决策。巴菲特谈到桥牌时说："这是锻炼大脑的最好方式。因为每隔10分钟，你就得重新审视一下局势……在股票市场上的决策不是基于市场上的局势，而是基于你认为理性的事情上……桥牌就好像是在权衡赢的或损失的概率。你每时每刻都在做着这种计算。"

确定集中投资的目标企业

对于投资者而言，你的投资目标应该仅仅是用合理的价格去购买一些业务容易被你理解的公司。你同样要确定在以后的 5 年、10 年，甚至 20 年内，这家公司的收益肯定能够有大幅度的增长。在相当长的时间内，你就会知道只有少数几家公司符合你的这些要求，所以一旦你看到符合你的标准的公司，你就应该毫不犹豫地大量持有该公司的股票。

巴菲特认为必须集中投资于投资人能力圈范围之内、业务简单且稳定、未来的现金流能够可靠地预测的优秀企业："我们努力固守于我们相信我们可以了解的公司。这意味着他们本身通常具有相当简单且稳定的特点，如果企业很复杂而产业环境也不断在变化，那么我们实在是没有足够的聪明才智去预测其未来的现金流量，然而实际的情况是，这个缺点一点也不会让我们感到困扰。对于大多数投资者而言，重要的不是他到底了解什么，而是他真正明白自己到底不知道什么。只要能够尽量避免犯重大的错误，投资人只需要做很少的几件正确的事情就足可以保证盈利了。"

只拥有很小部分的一颗希望之星（the Hope diamond，世界上最大的深蓝色钻石，重达 45.5 克拉），也远远胜过 100% 拥有一颗人造的莱茵石（rhine stone）。谁都会很容易地看出我们拥有的公司的确是罕见的珍贵宝石。然而幸运的是，尽管我们只限于能够拥有这类优秀企业的少数股份，但却相应拥有了一个不断增长的投资组合。

多元化是针对无知的一种保护

普通投资者也许会认为集中投资是把风险也集中起来了。相反的是，这种集中投资的方法可以大大地降低风险。只要投资者在买进这类股票的股份之前，加强本身对企业的认知和竞争能力的了解程度，那么你就是将风险大大降低了，它的成效远远大于你应用的多元化投资策略。

1993 年巴菲特在致股东的信中说："查理和我在很早之前就明白了一个道理，在一个人的投资活动中，做出上百个小一点的投资决策并不是一件很容易的事，这样的念头随着伯克希尔的资金规模的日益扩大而更加明显。事实上在投资的世界里，对公司的成效有很大幅度的影响，因此我们对自己的要求只是在少数的情况下够聪明就好了，而不是要每回都非常聪明。我们现在的要求只是出现一次令人满意的投资机会。"

巴菲特上述的这段话，无疑显示出了他对集中投资的赞同。他认为，"多元化主要是针对无知的一种保护。对于知道他们正在做什么的投资者而言，多元化是一件很没有意义的事。""巴菲特不能同时投资 50 种或 70 种企业，那属于诺亚方舟式的老式投资法，如果那样的话你最后会像是开了一家动物园。巴菲特喜欢把适当的资金分配于少数几家企业。"少数几只股票将会占组合的很大比重。

巴菲特深感不活跃是理智且聪明的行为。只要能够顺利实施你的投资计划，运用这种投资策略的投资者通常会发现，你的投资组合的很大比重是由少数几家公司的股票所占据的。这些投资者的投资回报类似于一个人买下一群极具潜力的大学明星篮球队员20%的未来权益，其中有一小部分的球员也许可以进到 NBA 殿堂打球，那么投资人从他们身上获取的收益很快将会在所有球员收入分成总和中占有绝大部分

风险来自于你不知道自己在做什么。

—— 股神巴菲特

的比重。要是有人仅仅因为最成功的股票投资在组合中所占比重太大就建议他把那部分最成功的投资卖掉，这就像是有人仅仅因为迈克尔·乔丹对球队来说实在是太重要就建议公牛队把乔丹卖出一样愚蠢。

巴菲特持有的股票组合类型有哪些公司

投资者需要小心谨慎地把资金分配在想要投资的标的，以达到降低风险的目的。正如巴菲特所说，如果一个人在一生中，被限定只能做出十种投资的决策，那么出错的次数一定比较少，因为此时他更会审慎地考虑各项投资后，才作出决策。少而精的组合绝对是有着非常大的优势的，这也验证了费舍的那句"少就是多"的名言。

巴菲特一直将自己的投资策略归纳为集中投资，他只在精选的几只股票上投资金。"选择少数几种可以长期产生高于平均效益的股票，将你大部分的资本集中在这些股票上，不管股市短期跌升，坚持持股，稳中求胜"，表达的就是巴菲特的集中投资思想。可以说，集中投资策略是巴菲特取得巨大成功的最大原因之一。

让我们看看巴菲特的投资组合（如下表）：

公司		持股比例（%）	市值（亿美元）
美国运通	151610700	11.8%	73.12
可口可乐	200000000	8.2%	101.5
吉列	96000000	9.5%	35.26
H&Rblock	14610900	8.2%	8.09
HCA	15476500	3.1%	6.65
M&Tbank	6708760	5.6%	6.59
穆迪	24000000	16.1%	14.53
中石油	2338961000	1.3%	13.4
华盛顿邮报	17277651	8.1%	13.67
富国银行	56448380	3.3%	33.24
其他	—	—	46.28

尽管这个投资组合的市值高达 400 多亿美元，但是他持有的主要个股却只有 10 家公司。

其中美国运通、可口可乐、吉列是巴菲特持有的股票中比较热门的股票，也是巴菲特精选的几只最优秀的股票。巴菲特曾经买入中石油的股票 23 亿多股，据有关资料报道，他已经抛售了相当一部分。

同巴菲特一样，许多价值投资大师都采用集中投资策略，将其大部分资金集中投资在少数几只优秀的企业的股票上，正是这少数几只股票为其带来了最多的投资利润。这正好与 80 ∶ 20 的原则相吻合：80% 的投资利润来自 20% 的股票。

集中投资的两大主要优势

投资者在集中投资的过程中，一定要知道集中投资的优势所在。当然在上面的分析中还没有把交易费用考虑进去，如果考虑交易费用，那么投资越分散，交易成本越大，战胜市场的概率就越小。相反投资越集中，交易成本越小，战胜市场的概率就越大。

1991 年巴菲特在致股东的信里写道："我认为最近几件事显示出许多躺着赚钱的有钱人遭到了攻击，因为他们好像没做什么事就使得自己的财富暴涨起来，然而过去那些积极活跃的有钱人像那些房地产大亨、企业购并家和石油钻探大亨等，却只能看着自己的财产一点一滴地缩水。"

在巴菲特眼中，最为优化的投资政策为集中投资，他用他几十年的投资经验也验证了这一点。这种方式似乎有着异乎寻常的魅力，可以受到他如此长久的垂爱。它到底有什么其他策略不可比拟的优势？头脑中的疑惑仍需要进一步解决。

优势一：持股越少，风险越小

巴菲特认为，风险和投资者的投资时间也有关系。他解释说，如果你今天买下一只股票，希望明天把它卖出去，那么你就步入了风险交易。预测股价在短期内攀升或下跌的概率就如同预测抛出的硬币的正反面的概率一样，你将会损失一半的机会。如果你把自己的投资时间延长到几年，你的交易转变成风险交易的可能性就会大大下降。当然，你购买的必须是优势股。

例如，如果你今天早上购买了可口可乐的股票，明天早上要把它卖出去，那么它就是一笔风险非常大的交易。但是，如果你今天早上购买了可口可乐的股票，然后持有 10 年，这样，就把风险降到了零。

很多投资者为了规避投资风险，往往把资金分散在不同的股票上。与投资大师不同的是，他们根本不理解风险的本质，他们不相信赚钱的同时避开风险是有可能的。更为重要的是，尽管分散化是一种让风险最小化的方法，但它也有一个令人遗憾的副作用，即利润会最小化。

优势二：持股越少，获利越多

由于大多数投资者根据现代投资组合理论选择分散投资策略，采用集中投资的持续竞争优势的价值策略就具有一定的竞争优势。

巴菲特自从 1965 年接手伯克希尔公司后，伯克希尔公司每股的净值由当初的 19 美元涨到现在的 50 498 美元，年复合成长率约为 22.2%。巴菲特之所以能够在投资领域保持持续的获利，其中最大的原因就在于他在获胜概率最大的股票上集中投入了最多的资金。

控制股票持有数量的标准

在我们的投资操作中，"对投资略知一二"的投资者，最好将注意力集中在几家公司上。

信奉传统的投资理念实际上只会增加投资风险，减少收益率。投资者如果能够清楚地了解公司的经济状况，投资于少数几家你最了解，而且价格很合理、利润潜力很大的公司，将获得更多的投资收益。从目前的投资环境来看，从市场上挖掘到5~10家具备长期竞争能力的企业，进行长期投资，是投资者最佳的投资组合。

巴菲特说："集中投资于投资者非常了解的优秀公司的股票，投资风险远远小于分散投资于许多投资者根本不太了解的公司的股票。"

巴菲特一直以来都坚持将自己的资金集中投资在几家杰出的公司上，他强调如果你对投资略知一二并能了解企业的经营状况，那么选5～10家价格合理且具长期竞争优势的公司就足够了。传统意义上的多元化投资对你就毫无意义了。要简单回答"到底买多少只股票才算是集中持股"的问题，让巴菲特学派的人来说，其答案就是持股最多不超过15只。大家都知道，巴菲特是倡导并实践集中投资的领军人物。20世纪60年代，他还在经营巴菲特合伙公司的时候，就将公司40%的投资金额共计1 300万美元用于购买美国运通5%的股票，持有两年之后卖出持股，获得了2 000万美元的利润。在1988~1989年期间，巴菲特拿出其麾下的伯克希尔·哈萨威公司大约1/4的资产，总计投资了10.2亿美元，购买了可口可乐7%的股票，开始了他在投资史上的一段佳话。巴菲特认为，只有投资人不了解他们自己在做什么的时候，广泛分散的投资策略才可以得到回报。

对于中小投资者来说，集中投资于一只股票意义更大。资金少于100万的投资者，最好不要搞分散投资。如果投资者账户中只有几万元，但买了20只股票，每只股票只买几百股，结果由于太分散，导致收益亏损。更主要的是，这么多股票，一个普通投资者根本照顾不过来。一个人的精力是有限的，用同样的时间和精力研究 3 家公司和研究 20 家公司，其深度肯定是不一样的。如果投资者介入太多的股票，势必对上市公司一知半解，而且在统计成本、设计组合时都会搞得很复杂。一般的投资者购买 3～4 只股票就完全可以了。在投资时，如果通过对公司的分析，确实认为这只股票在一定的时期具有投资价值并能够带来较大的投资收益，那么筹码可以适当向这只股票集中。

金
律
四

远离市场：
别让"市场先生"左右你的情绪

让"市场先生"为你所用

在今天看来，"市场先生"的寓言已经过时了，但是目前市场上仍然有大多数职业选手和学术人士在谈论有效的市场、动态套期保值和估值。他们对这些事情相当地感兴趣，是因为裹着神秘面纱的投资技巧显然对投资建议提供者有利。然而对于那些喜欢听取投资建议的投资者来说，市场秘籍的价值却是另外一回事。对一家企业进行良好的判断，将思想和行为同围绕在市场中的极易传染的情绪隔绝开来，就会让一个投资者成功。务必记住的准则是："市场先生"是为你服务的，不要把其当成你的向导。

股市由几千万股民构成，在这场竞局中，自己账户之外的每一个人都是自己的对手。面对如此众多的对手，自己未免拔剑四顾心茫然，故必须对股市竞局的局面进行简化，把多方竞局简化为少数的几方。

股神沃伦·巴菲特曾经举过一个市场先生的例子：设想你在与一个叫"市场先生"的人进行股票交易，每天"市场先生"一定会提出一个他乐意购买你的股票或将他的股票卖给你的价格。"市场先生"的情绪很不稳定，因此，在有些日子"市场先生"很快活，只看到眼前美好的景象，这时他就会报出很高的价格。其他日子，"市场先生"却相当懊丧，只看到眼前的困难，报出的价格很低。另外"市场先生"还有一个可爱的特点，就是他不介意被人冷落，如果他所说的话被人忽略了，他明天还会回来同时提出他的新报价。"市场先生"对我们有用的是他口袋中的报价，而不是他的智慧。如果"市场先生"看起来不太正常，你就可以忽视他或者利用他这个弱点，但是，如果你完全被他控制，后果将不堪设想。

虽然沃伦·巴菲特是以投资著称于世的，但他实际上是一个深谙股市博弈之道的人，他很清晰地阐述了按博弈观点考虑问题的思路。他的模型把股市竞局简化到了最简单的程度——一场他和"市场先生"两个人之间的博弈。局面非常简单，巴菲特要想赢，就要想办法让"市场先生"输。那么巴菲特是怎样令"市场先生"输掉的呢？他先摸透了"市场先生"的脾气，他知道"市场先生"的情绪不稳定，他会在情绪的左右下做出很多错误的事，这种错误是可以预期的，它必然会发生，因为这是由"市场先生"的性格所决定的。巴菲特在一边冷静地看着"市场先生"的表演，等着他犯错误，

"市场先生"如此歇斯底里地折腾，一会儿如入天堂，一会儿如陷地狱，注定他是个大傻瓜。你完全可以不理"市场先生"或者干脆利用他的习性。但要是你反过来受制于他，那就很危险了。

由于他知道"市场先生"一定会犯错误，所以他很有耐心地等待着，就像我们知道天气变好后飞机就会起飞，于是我们可以一边看书一边喝着咖啡在机场耐心地等待一样。所以，巴菲特战胜"市场先生"靠的是洞悉"市场先生"的性格弱点。所谓"市场先生"，就是除自己之外，所有股民的总和。巴菲特洞悉了"市场先生"的弱点，其实也就是洞悉了股民群体的弱点。

在巴菲特面前，"市场先生"就像个蹩脚的滑稽演员，徒劳地使出一个又一个噱头，却引不起观众的笑声，帽子举在空中不仅没有收到钱，反倒连帽子也被一块抢走了。但"市场先生"绝非蹩脚的演员，他的这些表演并非无的放矢，其实这正是他战胜对手的手段。"市场先生"战胜对手的办法是感染。因为巴菲特过于冷静，所以"市场先生"的表演在他面前无效，反倒在表演过程中把弱点暴露给了他。但对别的股民来说，"市场先生"的这一手是非常厉害的，多数人都会不自觉地受到它的感染而变得比"市场先生"更情绪化。这样一来，主动权就跑到了"市场先生"手里，输家就不再是"市场先生"了。这就是"市场先生"的策略。

"市场先生"的策略是有一定冒险性的，因为要想感染别人，自己首先必须被感染，要想让别人疯狂起来，自己首先必须疯狂起来，这是一切感染力的作用规律，所以"市场先生"的表现必然是情绪化的。那些受到感染而情绪化操作的人就被"市场先生"战胜了。反之，如果不被他感染，则他为了感染你而做的一切努力都是一些愚蠢行为，正可以被你利用。打一个比喻："市场先生"之于投资人正如魔之考验修行人一样，被它所动则败，任它千般变化不为所动则它能奈我何。

"市场先生"的弱点是很明显的，每个人都可以很容易地利用这一点来战胜他。但另一方面，"市场先生"正是市场中所有股民行为的平均值，他性格不稳定是因为市场中很多股民的行为更为情绪化，更为不稳定。"市场先生"会不厌其烦地使出各种手段，直至找到足够多的牺牲者为止，所以大多数人都将成为"市场先生"的牺牲者，能战胜"市场先生"的永远只有少数人。只有那些极为冷静，在"市场先生"的反复诱骗下不为所动的人，才能利用"市场先生"的弱点战胜他。那些不幸受到"市场先生"的感染而情绪更不稳定的人，就会反过来被"市场先生"所战胜。所以，股民战胜"市场先生"的本钱是理智和冷静，"市场先生"战胜股民的本钱是人们内心深处的非理性。"市场先生"的策略是设法诱导出这种非理性，诱导的办法就是用自己的情绪感染别人的情绪，用自己的非理性行为诱导出别人更大的非理性行为。如不成功就反复诱导，直到有足够多的人着道为止。

以上讨论对指导操作是很有启发意义的。首先，"市场先生"要想让你发疯，自己必须先发疯。由于"市场先生"想战胜你，所以他必然会先发疯，否则他就无法战胜你。所以"市场先生"的发疯是可以预期的，耐心地等待，必然可以等到。只要能保持冷静，不跟着他发疯，就必然可以战胜他。

其次，和"市场先生"交易重要的不是看他所出的价格，而是要注意他的情绪，看着他的情绪进行买卖。当"市场先生"的情绪不好时就买入，当"市场先生"的情绪好时就卖给他，而不用管"市场先生"的报价到底是多少。考虑"市场先生"报价的意义也仅仅是为了通过价钱从另一个角度来观察"市场先生"的情绪，当他报价过低时说明他的情绪不好，当他报价过高时说明他处于乐观状态。如果能有一把客观的尺度来判断"市场先生"的报价是否过低或过高，则这种方法就可以使用，否则如果没有这种客观尺度，那么看"市场先生"的报价是没有意义的，不能从中引申出对"市场先生"的情绪的判断。巴菲特的方法是掌握了一套判断股票价值的方法，从而有了一个客观的尺度来判断"市场先生"的报价是否过高或过低。股票技术分析方法则是直接通过交易情况来判断"市场先生"的情绪。不管是用基本面分析还是用技术分析，正确地判断"市场先生"的情绪的前提都是自己必须保持冷静。

按这种思路，巴菲特赢了"市场先生"，赢的依据在于"市场先生"的情绪不稳定，而巴菲特掌握了判断"市场先生"的情绪的方法，赢得明明白白。

反其道而行，战胜市场

反向操作并不是单纯的机械式的逆势而为，为反对而反对比盲目跟风的风险更大。股票市场对于公司股价判断正确与否的概率几乎是一样的，因此投资人唯一能与市场大众反向操作的状况应为：股票市场对于事件的心理反应似乎已到了疯狂的极致；对于公司财务资料的分析大家都错了。尤其需要注意的是，当缺乏足够的论据支持自己的反向操作观点时，千万不要与市场对立。

1988年巴菲特在致股东的信里说："当看到1988年很丰硕的套利成果后，你可能会认为我们应该继续努力以获得更丰厚的回报，但实际上我们采取的态度就是继续观望。

"然而，我们决定在长期期权方面上的投资要大幅提高的理由是：目前的现金水位已经下降，如果你经常读我们的年报，那么我们的决定并不是基于短期股市的表现，我们更注重的是对个别企业的长期的经济展望，我们从来没有并且以后也不会对短期股市、利率或企业活动做任何评论。"

巴菲特认为，反其道而行，即反向投资策略，是我们回避市场风险，保证投资获利的关键。

所谓反向投资策略，就是当大多数人不投资时，投资；当大多数人都急于投资时，卖出。反向策略的观念非常简单，只要能做到"人弃我取，人舍我予"就好了。但要实践反向策略，必须克服人性的弱点，要能做到不从众，能够独立判断，忍耐寂寞，才能制胜。大部分投资人都是在周遭亲友一致认同的情况下，才开始投资；而炒股高手正好相反，在知道大部分亲友都担心恐惧时，才开始考虑投资。反向策略者相信当大众对未来的看法趋于一致时，大部分时候是错的，同时反转的力量会很大。

反向投资策略为何如此有效？理由很简单，如果市场中大多数的人都看好价格会继续上涨，此时进场投资的人及资金早已因为一致看好而大量买进，所以价格通常因大量买超而产生超涨的景象。又由于该进场的人与资金都已经在市场内了，于是市场外能推动价格上涨的资金所剩无几，且市场中的每个人皆准备伺机卖出，导致整个证券市场的潜在供给大于需求，因此只要有任何不利的因素出现，价格就会急速下跌。反之，如果市场中大多数人都认为价格会继续下跌，此时该卖的人早已因为一致看坏而大量卖出，所以价格通常因大量卖超而产生超跌现象。又由于该卖的人都已经不在市场内了，于是市场内想卖出的浮动筹码已少之又少，所以卖压很少，且市场外的每个人皆准备逢低买进，导致整个证券市场潜在的需求大于供给，因此只要有任何有利的因素出现，价格就会急速上涨。

那么我们该如何衡量大多数人的判断思维呢？一般说来，如果股市处于上升的高速阶段，此时几乎每人的股票账户上都赚得盆满钵满，大多数股民都会兴高采烈，忘乎所以。此时的媒体、股评人更加激动，大肆渲染多头市场的发展趋势，为股民描绘一个又一个创新高的点位。外场的资金也经不起诱惑而积极加入炒股大军，大有全民炒股的态势。这时就可以判断大多数人的思维处于什么态势。如果用反向投资策略，此时更要做到"众人皆醉我独醒，众人皆炒我走人"。如果股市处于下跌的高速阶段，此时几乎每人的股票账户上昨天还是赚得盆满钵满，转瞬之间就烟消云散，严重套牢了，大多数股民垂头丧气，万念俱灰。此时的媒体、股评人更加悲观，大肆渲染空头市场可怕的发展趋势，为股民描绘一个又一个创新低的点位。证券营业部门口的自行车也明显减少。入场的资金和盈利的资金纷纷撤离，大有全民空仓的态势。这时就可以判断大多数人的思维处于什么态势。如果运用反向投资策略，此时就要做到"众人皆醉我独醒，众人皆空我做多"。

例如，1996 年 10 月到 12 月初，1997 年 2 月到 5 月，沪深股市开始猛涨，当时几乎每人的股票账户上都赚得盆满钵满，有人甚至提出"不怕套，套不怕，怕不套"的多头口号。管理层当时接连发了十几个利空政策，但是大多数股民不听，结果后来套得很惨。2001 年 6 月 14 日，沪指创新高 2 245 点后，媒体、股评人更加激动，大肆渲染多头市场的发展趋势，为股民描绘一个又一个创新高的点位，2 500 点，3 000 点……大多数股民处于多头思维中。这时如果用反向投资策略，就要"众人皆炒我走人"，不玩了。

又如：2001 年 7 月后，股市处于下跌的高速阶段，此时严重套牢的大多数股民垂头丧气，万念俱灰。而媒体、股评人更加悲观，大肆渲染空头市场可怕的创新低的点位，有人甚至提出沪指要跌到800 点、400 点。资金纷纷撤离观望。这时就可以判断大多数人的思维处于空头悲观态势。如果用反向投资策略指导行动，就应在适当时机入市，完全可以在 2001 年 10 月、2002 年 6 月和 2006 年打一个漂亮的反弹仗和反转仗。

正确掌握市场的价值规律

短期内的股价波动对价值投资者来说毫无意义，因为价值规律告诉我们，价格总有一天是会向其价值回归的。这种价值回归具有相对滞后性，正便于投资者从容决策。

巴菲特说："最近 10 年来，实在很难找得到能够同时符合我们关于价格与价值比较的标准的权益投资目标。尽管我们发现什么事都不做，才是最困难的一件事，但我们还是尽量避免降格以求。"

巴菲特认为，"市场先生"在报出股票交易价格时，最终是遵循价值规律的。道理很简单：价值规律是商品经济的基本规律，而股市是商品经济的产物，所以理所当然要遵循价值规律。

价值规律的基本原理是：商品的价值是由生产商品的社会必要劳动时间决定的，商品交换要根据商品的价值量来进行。

价值规律的表现形式是：在商品交换的过程中，受供求关系影响，价格围绕价值上下波动。从短期看，价格经常背离价值；从长期看，价格一定会向价值回归。

当 1929 年美国股市面临市场崩盘的威胁时，美国国会特地请来

大部分人都是对大家都感兴趣的股票感兴趣。没有人对股票有兴趣时，才是你该感兴趣的时候。
——股神巴菲特

了一些专家召开意见听证会。巴菲特的老师格雷厄姆作为当时华尔街上最著名的投资大师，也参加了这次听证会。

会上，美国参议院银行业的委员会主席问格雷厄姆，假如存在这样一种情形：你发现某种商品的价值达 30 美元，而现在你只要用 10 美元就能买得到；并且又假如你已经买下了一些这样的商品，那么显而易见，这种商品的价值只有当得到别人认可时，也就是说，只有当有人愿意以 30 美元的价格从你的手里买回去时，你才能实现其中的利润。把这个例子用在股票上，你有什么办法能够使一种廉价的股票最终发现自己的价值呢？

格雷厄姆回答说："这个问题正是我们这个行业的神秘之处。但经验告诉我们，市场最终会使股价达到它的价值。也就是说，目前这只价格很低的股票，将来总有一天会实现它的价值。"

格雷厄姆认为，影响股票价格有两个最重要的因素：一是企业的内在价值，二是市场投机。正是这两者交互作用，才使得股价围绕着企业的内在价值上下波动。也就是说，价值因素只能在一定程度上影响股票价格，股票价格偏离内在价值的事情是经常发生的，也是丝毫不奇怪的。

读者是否还记得，1969 年巴菲特认为当时的美国股市已经处于高度投机状态，真正的市场价值分析原理在投资分析和决策中所起的作用越来越小，于是解散了合伙企业巴菲特有限公司，并且对公司资产进行了彻底清算，对公司持有的伯克希尔股票按投资比例进行了分配。

遵照格雷厄姆的教诲，巴菲特和他的合作伙伴芒格，把衡量伯克希尔公司可流通股票价值大小的标准，确定为在一个相当长的时期内的股票价格表现，而不是看每天甚至每年的股票价格变化。

因为他们相信，股市可能会在一段时期内忽视企业的成功，但最终一定会用股价来反映这种成功。只要公司的内在价值以令人满意的速度增长，那么，公司的成功究竟在什么时候被市场普遍认可，就不是一件非常重要的事了。

相反，这种市场共识相对滞后，对投资者来说很可能是一件好事——它会带来许多好机会，让你以很便宜的价格买到更多的好股票。

不要顾虑经济形势和股价跌涨

巴菲特说，在通常的投资咨询会上，经济学家们会作出对宏观经济的描述，然后以此为基础展开咨询活动。在他看来，那样做是毫无道理的。并且，假设艾伦·格林斯潘和罗伯特·鲁宾两位重量级人物，一个在他左边，一个在他右边，悄悄告诉他未来 12 个月他们的每一步举措，他也是无动于衷的，而且也不会影响到他购买公务飞机公司或者通用再保险公司的股票，或者他做的任何事情。

与大多数投资者不同的是，巴菲特从不浪费时间和精力去分析经济形势，也从不担心股票价格的涨跌。他告诫投资者："不要浪费你的时间和精力去分析什么经济形势，去看每日股票的涨跌，你花的时间越多，你就越容易陷入思维的混乱并难以自拔。"

在佛罗里达大学演讲时，就有学生要求巴菲特谈谈目前的经济形势和利率以及将来的走向，巴菲特直截了当地回答："我不关心宏观的经济形势。"巴菲特认为：在投资领域，你最希望做到的应该是搞清楚那些重要的，并且是可以搞懂的东西。对那些既不重要，又难以搞懂的东西，你忘了它们就对了。你所讲的，可能是重要的，但是难以厘清。

巴菲特认为人们无须徒劳无功地花费时间担心股票市场的价格，同样地，他们也无须担心经济形势。如果你发现自己正在讨论或思考经济是否稳定地增长，或是否正走向萧条，利率是否会上扬或下跌，是否有通货膨胀或通货紧缩，慢点！让你自己喘一口气。巴菲特原本就认为经济有通货膨胀的倾向，除此之外，他并不浪费时间或精力去分析经济形势。

一般说来，投资人都习惯于以一个经济上的假设作为起点，然后在这完美的设计里巧妙地选择股票来配合它。巴菲特认为这个想法是愚蠢的。首先，没有人能够真正具备准确预测经济形势和股票市场的能力。其次，如果投资者选择的股票会在某一特定的经济环境里获益，投资者就不可避免地会面临变动与投机。不管投资者是否能正确预知经济形势，其投资组合都将视下一波经济景气如何而决定其报酬。

巴菲特比较喜欢购买那种在任何经济形势中都有机会获益的企业股票。当然，整个经济力量可以影响毛利率，但就整体而言，不管经济是否景气，巴菲特的股票都会得到不错的收益。选择并拥有有能力在任何经济环境中获利的企业，时间将被更聪明地运用；而不定期地短期持有股票，只有在正确预测经济景气时，才会获利。

一般来说，经济形势和股票市场的形势不一定同步，有时候甚至是反向的。有时候经济形势很好，而市场却很萧条；而当经济依然萧条的时候，股票市场却走出了一波好行情。比如，大萧条时期，1932 年 7 月 8 日道琼斯指数跌至历史的最低点 41 点，直到富兰克林·罗斯福在 1933 年 3 月上任前，经济状况依然持续恶化，不过当时股市却涨了 30%。再回到第二次世界大战的初期，美军在欧洲和太平洋战场的情况很糟，1942 年 4 月股市再次跌至谷底，这时离盟军扭转战局还很远。再比如，20 世纪 80 年代初，通货膨胀加剧、经济急速下滑，但却是购买股票的最佳时机。

巴菲特提醒投资者在投资时要谨慎，不能轻率地进行投资，不能只做股市中的投票机。

拿可口可乐与吉列公司的股票为例。从 1991 年到 1993 年，可口可乐与吉列每股的获利的增加幅度分别为 38% 和 37%，但是对比当时同期的股票市价却只有 11% 和 6%。也就是说，巴菲特选择的这两家股票的价值已经超越了当期股票市场的表现。当时，华尔街对可口可乐品牌有很深的疑虑，他们都对这两只股票存在怀疑的态度。但是等到数年以后，情况发生了逆转，可口可乐和吉列的股价发生了报复性的暴涨，并且远远超过了每股盈余的增长。

这个案例就是投资市场上所谓的"投票机"和"体重计"的写照。正如不同的投资者有不同的风险承受能力一样，这关键并不在于追求最高的投资报酬率，而是发现最适合自己的投资品种。从短期来看股市是一个投票机，但是，从长期来看，股市确实是一个称重机。无论你投资哪类品种，都不能仅仅依靠市场上的"时尚风向标""人气指数"，还需要进行"量体裁衣"，打造有把握的投资目标。

在巴菲特的办公室里，并没有股票行情终端机之类的东西，但他的投资业绩并没有因此而失色。巴菲特表示，如果投资者打算拥有一家杰出的企业的股份并长期持有，但又去注意每一日股市的变动，是不合逻辑的。最后投资者将会惊讶地发现，不去持续注意市场的变化，自己的投资组合反而变得更有价值。

市场与预测是两码事，市场是在变化的，而预测是固定不变的，预测的固定不变只会给分析市场的人以错觉。所以，下次当你被诱惑相信你已最终找到一种可实现利润而且可以被重复使用的格局时，当你被市场的不可预测性惊得目瞪口呆时，记住巴菲特说的话："面对两种不愉快的事实吧：未来是永不明朗的；而且在股市上要达到令人愉快的共识，代价是巨大的。不确定性是长期价值购买者的朋友。"

有效利用市场无效，战胜市场

巴菲特说："如果股票市场总是有效的，我只能沿街乞讨。"所以我们无须理会股票的涨跌，对待股票价格波动的正确态度，是所有成功的股票投资者的试金石。我们要做的只是两门功课，一门是如何评估企业的价值，另一门是如何思考市场价格。其他的信息就不是我们所要关心的。

巴菲特在 1988 年致股东的信里写道："在过去的 63 年里，大盘整体的投资报酬大概只有 10%。这指的就是最初投入 1 000 美元，63 年后就可以获得 405 000 美元；但是，如果能够得到的投资报酬率为 20%（这个回报率是伯克希尔以及巴菲特的老师格雷厄姆的公司的长期投资业绩），现在就能变成 970 000 美元。

"不管它们已经对多少学生产生了误导，市场效率理论还是继续在各大企业管理名校中被列为投资课程的重要理论之一。

"当然，那些已经被骗的投资专家在接受市场无效率理论后，对于我们以及其他格雷厄姆的追随者实在有很大的帮助。因为不管在哪项竞赛中，不管是投资、心智还是在体能方面，要是遇到对手被告知思考和尝试都是徒劳的，对于我们来说，都是占尽了优势。"

按照无效市场理论，除非靠机遇，否则几乎没有任何个人或团体能取得超出市场的业绩，任何人或团体更不可能持续保持这种超出寻常的业绩。然而股神巴菲特，麦哲伦基金经理人彼得·林奇，价值投资之父格雷厄姆等投资大师以他们的骄人业绩证明了超出市场业绩是可能的，这对于有效市场理论无异于当头棒喝。有效市场理论受到了严峻挑战，大量实证研究表明股票市场并不像有效市场理论声称的那样总是能够形成均衡预期收益，实际上市场经常是无效的。

关于市场的无效，还有这样一则小故事：两位信奉有效市场理论的经济学教授在芝加哥大学散步，忽然看到前方有一张像是 10 美元的钞票，其中一位教授正打算去拾取，另一位拦住他说："别费劲了，如果它真的是 10 美元，早就被人捡走了，怎么会还在那里呢？"就在他俩争论时，一位叫花子冲过来捡起钞票，跑到旁边的麦当劳买了一个大汉堡和一大杯可口可乐，边吃边看着两位还在争论的教授。

对市场是有效的还是无效的理解，直接影响到你的投资策略。如果你相信市场有效，那么你就认为，股票的价格总是反映了所有相关的信息，你的操作手法就是追涨杀跌，所以你无须了解公司的基本面，因为基本面反映在股价上，你只要进行技术分析就可以了。

如果你认为市场是无效的，那你就可以不理会大盘的涨跌，抛开技术分析，只要公司的价值和股票的价格相一致，就是你极佳的买入点，然而，决定买进卖出的不是股票价格的波动，而是公司经营业绩的好坏。

事实表明有效市场理论是存在很大的缺陷的，因为有几点原因：一是投资者不可能总是理智的。按照有效市场理论，投资者使用所有可得信息在市场上定出理智的价位。然而大量行为心理学的研究表明投资者并不拥有理智期望值。二是投资者对信息的分析不正确。他们总是依赖捷径来决定股价，而不是依赖最基本的体现公司内在价值的方法。三是业绩衡量杠杆强调短期业绩，这使得从长远角度击败市场的可能性不复存在。

正是由于以上原因，巴菲特、费舍、林奇这些投资大师以自己多年的投资经验告诫我们，要走出有效市场理论的误区，正确认识市场的无效性，回归价值投资策略。只有这样，才能规避市场风险，长期持续战胜市场。

如何从通货膨胀中获利

投资者应该清楚的是,对于具有长期发展规律的商业企业来说,有形资产越小,无形资产越大,越是能够抗拒这种通货膨胀的状况。

巴菲特善于选择那些可以用较小的净有形资产却能创造较高获利的公司,正因具备这样的优势,即使受到通货膨胀的影响,市场上仍允许时思公司拥有较高的本益比。通货膨胀虽然会给许多企业带来伤害,但是那些具备消费独占性的公司却不会受到损害,相反,还能从中受益。

1983 年巴菲特在致股东的信里写道:"多年以来,传统积累的经验告诉我们,我们拥有的资源和设备厂房等有形资产的企业对于抵抗通货膨胀来说是比较有优势的,但事实上却并非如此,拥有丰富资产的企业往往没有很高的报酬率,有时甚至低到因通货膨胀引

聪明的投资者善于从
通货膨胀中获利。
——股神巴菲特

起的需要增加的额外的投资都不够，更不用说，把企业的继续成长和分配盈余分给股东或是其他购并新企业了。

"但是，对于部分拥有无形资产多于有形资产的企业来说，通货膨胀一旦发生，便会积累出让人吃惊的财富。对于这类公司来说，商誉的获利能力大大地增加了，然后再动用盈余进行大举购并。从通信行业来看，这种现象是很明显的。这样的企业并不需要投入过多的有形资产，企业可以一直处于成长的状态。在通货膨胀来临的年代，商誉就像是天上掉下来的大礼物一样。"

巴菲特讲的这段话是对"商誉"的辅助性的解读，同时他的企业帝国也是在他的这种思想下收购进来的，这也是他私房薪水的来源。

1972 年，巴菲特买下了一家普通的糖果公司时思，当时该公司仅依靠着 800 万美元的净资产就能每年获得 200 万美元的盈余。但是，如果假设另外一家普通的公司，同样每年能够赚得 200 万美元的利润的话，这就必须要靠 1 800 万美元的净资产来创造出这个数字。然而，这家公司的净资产报酬率却只有 11%。

如果这样的公司要出售的话，最大的可能就是以价值 1 800 万美元的净资产的价值将该公司卖掉，但是巴菲特做出的决定却是支付 2 500 万美元去买下具有同样获利能力的时思。他这样做的原因是什么呢？难道他不会亏损吗？

巴菲特是将通货膨胀的因素考虑进去了，设想一下，如果物价暴涨一倍的话，如果这两家企业都要在通货膨胀的情况下赚到 400 万美元以维持原来的获利能力的话，这也许并不是困难的事，只要在维持现有销售数量的情况下，将价格提高一倍，只要毛利率维持不变，那么获利能力自然会增加。所以现在大家应该知道巴菲特为什么选择时思了吧？因为时思的净资产价值只有区区 800 万美元，所以只要再投入 800 万美元就可以应对通货膨胀了，而对于其他一般的企业而言，需要的投入则可能必须超过两倍，也就是需要差不多 1 800 万美元的资金才可以达到。

历史数据并不能说明未来的市场发展

巴菲特说："让我再重申一遍：对我而言，未来永远是不明白的。"一个人可以"预言"股市的趋势，就好像一个人能够预测一只鸟飞离树梢时它将从哪儿飞走一样，但那是一种猜测而非一种分析。既然巴菲特认定股市趋势无规律、不可测，那么他当然不相信技术分析具有什么科学性了。他说："我们一直觉得股市预测的唯一价值在于让算命先生从中渔利。"

1998 年巴菲特在佛罗里达大学商学院演讲时说："用你重要的东西去冒险赢得对你并不重要的东西，简直是不可理喻的，即使你成功的概率达到 100：1 或是 1 000：1。假如你给我一把枪，枪里面有 1000 个甚至 100 万个位置，然后你告诉我里面只有一发子弹，你问我多少钱才可能让我拉动扳机？而事实上，我是根本不会去那么做的。你可以下赌注，就算我赢了，那些钱对于我来说也是没有任何意义的；如果我输了，结果还是很显然的。对于这样的游戏我是没有一点兴趣的。

"我不能理解的是，16 个这么高智商的能人来玩这样一个游戏，这简直是不可理喻的一种行为。从某种程度上而言，他们的决定基本上都依靠一些事情。他们都拥有所罗门兄弟公司的强大背景，他们所说的一个六或七西格玛的事件，是很难给他们造成伤害的。这属于他们的失误，历史是不会告诉你将来某一个金融事件发生的概率的。"

在这个问题上，巴菲特的见解是，历史的统计规律对未来的预测是没有任何帮助的。有人迷信历史总是会重复的，其实历史不重复的时候是很多的，而且即使重复也不知道它是从什么时候开始的，频率是否频繁。

那么，巴菲特自己心中的标准又是什么呢？他在 1993 年致股东的信里说：“1919 年，可口可乐公开上市的股票价格为 40 美元，直到 1920 年，当时市场对可口可乐的前景还十分不看好，这就导致了可口可乐的股价下跌到 19.5 美元。然而，1993 年年底，如果能够将当时收到的股利再重复投资下去的话，那么当初的股票的价值就会变成 210 万美元。正如格雷厄姆说过的那样，从短期来看，市场只是一个投票的机器，这不需要投资人具备智能或是情绪来控制，只要你有资金就可以办到；但是从长期来看，股市却是一个称重计，它能够衡量出哪只股票具有可投资的价值。”

购买公司而不是买股票

巴菲特教会我们：购买股票的时候，不要把太多注意力放在股价的涨跌波动中，而应该多关注股票的内在价值。当股票价格低于其内在价值且在安全边际区域内时，就是购买的好时机。

1982 年巴菲特在致股东的信里写道：“虽然我们对于买进股份的方式感到满意，但真正会令我们雀跃的还是以合理的价格 100% 地买下一家优良的企业。”

虽然巴菲特不能够把自己欣赏的企业 100% 买下来，但是他在购买股票的时候，无论是购买 1% 的股份还是 10% 的股份，他都以购买整个企业的标准来衡量这个企业是否值得购买。巴菲特认为，购买股票并不是单纯地看这只股票的价格和最近一段时间的涨跌，而是要以购买整个公司的心态去购买股票。

我们很多投资者经常根据股票价格来判断股票的好坏。当股票的价格是 3 元时，就认为是一只垃圾股，疯狂抛出；而当它涨到 23 元时，就认为它是一只优质股，蜂拥买入，其实这是投资的大忌。巴菲特说过："投资股票很简单。你所需要做的，就是要以低于其内在价值的价格买入，同时确信这家企业拥有最正直和最能干的管理层。然后，你永远持有这些股票就可以了。"

巴菲特购买可口可乐就是一个典型的例子。1988 年，可口可乐股票价格暴跌，巴菲特并没有被下跌的价格吓倒，经过仔细分析，他发觉可口可乐是个未来发展前景很好的公司，其内在价值远高于当时的股价。于是，巴菲特 1988 年买入可口可乐股票 5.93 亿美元，1989 年大幅增持近一倍，总投资增至 10.23 亿美元。1994 年继续增持，总投资达到 12.99 亿美元，此后持股一直稳定不变。2009 年第二季度末巴菲特持有的可口可乐股票市值 100 亿美元，为第一大重仓股，占组合的近 20%。2008 年可口可乐稀释每股收益 2.49 美元，每股现

当那些好的企业突然受困于市场逆转，这就是大好的投资机会来临了。——股神巴菲特

金分红 1.52 美元，与巴菲特平均 6.50 美元的买入价格相比，每年投资收益率 38.3%，红利收益率 23.38%。此外像巴菲特购买的吉列、华盛顿邮报等股票，从购买那天起，巴菲特也一直持有到现在，而且巴菲特说他希望和这些股票白头偕老。

在巴菲特看来，我们买进一家公司的股票实质上就是买入了这家公司的部分所有权。而决定股票是否值得投资的是分析这家公司的内在价值和我们为购买这份所有权而支付的价格。一家优秀的公司不会因为股价的下跌而变得平庸，相反，这是一个让你低成本获得公司所有权的机会；同样的道理，一家平庸的公司也不会因为股价的上涨而变得优秀。我们要想投资成功就要尽可能地去买进那些优秀的公司的股票，即使公司的股票短期让你被套牢，但长期终会带给你丰厚的回报。

不要混淆投资与投机的差别

投机行为浪费时间和精力，又没有任何可靠的胜算，也许选择长期投资更合适。如果你已经选择好长期投资的企业，那么就不必被短期的价格波动所迷惑，只要多坚持一段时间，你就会发现自己的选择是英明的。

1998 年巴菲特在佛罗里达大学商学院演讲时说："我们想看到的是，当你买了一个公司后，你会乐于永久地持有这个公司。同样的道理，当投资者购买伯克希尔的股票时，我希望他们可以一辈子持有它。我不想说，这是唯一的购买股票的方式，但是我希望是这样的一群人加入伯克希尔。"

股票市场通常具有较高的流动性，很多投资者根据股价上涨或下跌的幅度来买卖股票。但在巴菲特看来，股票是不应该长期流动的。令巴菲特感到庆幸的是，伯克希尔股票大概是全美国流动性最低的，每年大概只有 1% 左右的人会抛掉股票，很难说他们是不是受到了巴菲特的影响。巴菲特以长期投资而闻名世界。只要他认为一家企业具有很强的价值增值能力，就会进行长期投资。即使这些企业的价值增值能力在短期内没有得到体现，也不会影响其长期持有的态度。

一般股市所说的投资是指买入后持有较长时间的长期投资。投资者看重的是企业的内在价值。通常长期投资者都会选择那些在未来 10 年或 20 年间有较强发展前景的企业，在企业股价因为某些原因被股市低估时买入，然后长期持有。长期投资者一般不太在乎短期的股价波动，更在乎的是股票的未来价值。巴菲特就是长期投资的忠实拥护者。

投机其实也是投资，指的是利用不对称信息和时机在市场交易中获利的行为，主要指甘于承担风险，在市场上以获取差价收益为目的的交易。投机行为将注意力主要放在价格的变化上，很少考虑交易品种的实际价值。其手法多为低买高卖、快进快出。

巴菲特认为，投机是不可取的。对个人投资者来说，投机的风险太大。由于投机强调的是低买高卖，所以投资者很容易浪费时间和精力去分析经济形势，去看每日股票的涨跌。投资者花的时间越多，就越容易陷入思想的混乱并难以自拔。在巴菲特看来，股票市场短期而言只是一个被投资者操纵的投票机器，而投资者的投资行为又都是非理性的，所以根本没法预测。而股票市场长期而言又是一个公平的天平，如果投资者购买的企业有潜力，那么长期来看企业价值必然会体现在股票价格上。所以巴菲特认为最好的方法就是以低于企业内在价值的价格买入，同时确信这家企业拥有最诚实能干的管理层。然后，永远持有这些股票就可以了。

我们还以可口可乐股票为例。在这几十年里，可口可乐股票价格每天都在波动。如果今天可口可乐股价是 20 美元，你觉得它明天会涨，就购买了很多股票，可是第二天股价反而下跌了。如果你是做短期投资的，那么你就亏了，股价短期的波动没有任何人能预测到。如果你是长期投资可口可乐股票的，那么一定赚翻了。因为从1987年年底到2009年8月31日，可口可乐从3.21美元上涨到了48.77美元。

树懒式的投资模式

当你选择到合适的企业后，不要被短期的股价所迷惑。如果你是在一个较低价格时购买到优秀企业的股票，那么就不要希望明天就能获得利润，我们应该看远一点，3年、5年、10年之后，回头看看，也许你会发现原来钱是那么容易赚。

巴菲特1996年在伯克希尔的年度报告里写道："无所作为像明智的行为一样推动着我们……我们和大多数的公司的经理都不会因为预测联邦储备局的折扣利率发生小小的变动，或者因为华尔街某位专家对市场的观点发生变化，就幻想着对高盈利的下属公司进行疯狂的交易。那为什么我们在优秀的公司中持有少数的股份，我们的行动就不一样了呢？"

在巴菲特的投资生涯中，他买入过数十只股票，但其中只有少数股票持有时间较短，大部分持有期限都长达数年甚至几十年，如可口可乐、富国银行、华盛顿邮报、吉列等企业的股票，自买入后巴菲特就一直持有着。

巴菲特说："树懒天生特有的懒散正代表着我们的投资模式：1990年我们对于6只主要持股中的5只股票没有买入也没有卖出1股。唯一的例外是富国银行这家拥有超一流的管理、很高的回报率的银行企业，我们将持股比例增加到接近于10%，这是联邦储备委员会允许的最高持股比例。"这种类似树懒的长期投资方法，除了为巴菲特带来了以高于平均水平的速率增加资金外，还为巴菲特带

如果你不断地跟着风向转，那你就不可能发财。
—— 股神巴菲特

来了两个重要的好处：

1. 降低交易成本

我们不妨算一个账，按巴菲特的底线，某只股票持股 8 年，买进卖出手续费是 1.5%。如果在这 8 年中，每个月换股一次，支出 1.5% 的费用，一年 12 个月则支出费用 18%，8 年不算复利，静态支出也将达到 144%！不算不知道，一算吓一跳，魔鬼往往存在于细节之中。

在我国，沪深两个交易所在对交易收取手续费一项中，都设最低收费标准均为 5 元。因此，投资者在日常交易中，要考虑一个交易成本问题。例如，如果某投资者以 4.20 元买入深市某股 100 股，那么手续费为 420×3‰=1.26（元），加上印花税 420×2‰=0.84（元），共 1.26+0.84=2.10（元），按最低收费标准，不足 5 元按 5 元收取。

由此可见，频繁交易不是什么好事，只会增加交易成本。

2. 增加税后收益

几乎所有的投资者都要缴纳资本利得税。但资本利得税只有在出售股票并且卖出的价格超过你过去买入的价格时才需要缴纳。因此，资本利得税也是交易成本之一。

炒股切忌心浮气躁

平常心是战胜心浮气躁以及其他一切的法宝，没有平常心去体悟生活中的一切，即便再成功、再伟大，但最后可能因为自己的贪婪而失败了。平常心就是指对一切都放下，无论发生什么都想得开。因为市场中没有什么是不可能发生的，而一切的发生又都是无序的、无常的。因此，急不可耐地想要在市场中实现某个目标，是非常危险而又不切实际的想法。

1998年巴菲特在佛罗里达大学商学院演讲时说："我们是从来不去借钱的，即使有保险作为担保。即使在只有1美元的时候，我也不去借钱。借钱能够带来什么不同吗？我只需要凭借我自己的力量，也能够其乐无穷。1万美元、100万美元、1 000万美元对于我来说都是一样的。当然，当我遇到类似紧急医疗事件的情况下会有些差别。"

说这话的时候，也许巴菲特正在羡慕着台下的那群大学生的青春。巴菲特对钱的态度决定了他的投资风格和结果。正是巴菲特这种平和的想法，成就了他的成功，可以试想一下，如果雷曼兄弟的高管不是那么疯狂地赌博，他们原本也是可以在华尔街上风光无限，但是结果他们却成为了不那么体面的乞丐。

有人说，一个人做事情要想成功，一定要果断；有人说，一个人做事情要想成功，缺少耐性是不行的；又有人说，要想成大功立大业，没有机会是不行的。虽然这些话用在平时的生活中非常启发人，但如果把这些观点移用到股市里，却不一定正确。固然炒股赚钱与否是由很多因素造成的，但最重要的不是这些因素，而是一个人的心态。能不能在股市中赚到钱改善自己的生活，是每一位散户投资者最关心的问题。但往往抱有此想法的人因为心浮气躁，最后成为离梦想最遥远的人，相反，有着一颗平常心的投资者则"无心插柳柳成行"。

心浮气躁的投资者总是迫不及待地进场交易，既追高，又杀跌，最终在牛市中只是捡了芝麻，丢了西瓜，甚至可能落得个低吸高抛的下场。

股市的涨跌都非常正常，因为有涨才会有跌，而因为有跌才会有涨，如果你是一个以平常心对待股市的人，那么，股市的涨跌对你而言就是非常无常的，而投资者就一定会轻松视之，并不会因股市的波动起伏而心惊胆战。但如果你是一个本来就喜欢或者本来就不平静的人，那股市的涨跌对你而言一定会非同小可。因为你会密切注意到你的资金是否也随着股市的涨跌而增减，由于你过分专注于你的个人资产的变化，你的心态一定就是不稳定的，而你一旦如此，你对股市行情的涨跌就会特别在意，并认为股市只有上涨你的心才是平静的，但遗憾的是，股市至今还在涨，可是，你会认为股市涨得太多了，而原本就"不平常的心"就更加不平常了，甚至你的心出现了"恐慌"或"恐高"，结果就在你把原本不应该抛的股票全部抛了，并自认为股市一定会大跌，股市不会以一去不回头的气势而不断再创新高。

大牛市里每天都有人预言股市要大跌，甚至有些人说，多少天多少天内股市必然狂跌，结果他们看到的是行情不断上涨，并且每天都在创新高，而自己由于过于担心股市下跌早早就抛掉手中的股票。造成这样的结果没有别的因素，更不是因为股市的上涨看跌，而是完全在于自己的心浮气躁。这样投资股票，你有多少钱都会输。所以，应该也只应该这样理解股市：股市与世间的一切都是一样的，也都是无常，因为无常就是会出现不断的变化，加之股市本身就是风险的、投机的市场，所以，更要以平常心来对待，只有真正以平常心对待股市，你才不会因为行情的变化而忐忑不安，也不会因为股市的涨跌而担心资金是否出现盈亏，更不会看到股市的不断上涨而感到害怕。因为，你已经把一切置之度外，平淡视之。炒股最忌心浮气躁，赚钱兴高采烈而亏钱痛苦不堪，因为这些都反映出你是一个不懂控制自己的人，而这样的人又怎么能炒好股票呢？

拒绝旅鼠般盲目投资

只有独立思考，才能发现市场的错误，避免盲从于市场的错误，进而利用市场的错误，在市场恐慌性抛售时，发现巨大的安全边际，从而既能保证安全，又有机会大赚一笔。如巴菲特所说："关键在于利用市场，而不在于被市场利用。"

在别人恐惧的时候我疯狂，在别人疯狂的时候我恐惧。
——股神巴菲特

　　巴菲特在别人恐惧的时候贪婪，在别人贪婪时恐惧，而我们大部分人则相反：在别人恐惧时更恐惧，在别人贪婪时更贪婪。要找到股价被严重低估、有足够安全边际的股票，只有清醒的头脑是不行的，还得有巨大的勇气，敢于与众不同，众人皆醉我独醒。因为，人本身是群居性动物，在生活和工作上总是喜欢和群体保持一致。但在投资中，站在大多数人一边，不一定是对的，有时是完全错误的。巴菲特警告：在股市上，如果投资者以旅鼠般的热情跟着市场走，他们最终也会有旅鼠一般的悲惨命运。

　　旅鼠是一种小型动物，生长在苔原地区，以群体游向大海的举动而闻名世界。在正常时期，春天是旅鼠迁移的季节，它们四处移动，寻找食物和新的住所。然后每隔三四年，就会有奇怪的事情发生。

　　由于繁殖率高而死亡率低，旅鼠的数量与日俱增。当发展到一定程度，旅鼠开始时是在夜里有些不寻常的举动。不久，他们就开始在白天出来行动了。一旦遇到障碍，它们就越聚越多，直到惊慌失措的反应迫使它们强行越过障碍。当这样的行为增强后，旅鼠们便开始向一些它们平时敬而远之的动物挑战，并向大海迁移。虽然有许多旅鼠在半途中饿死，或被其他动物吃掉，但大多数旅鼠还是能够到达海边。它们争先恐后地往大海里游去，直到力竭淹死为止。

　　股价的大幅度波动，与投资人旅鼠般的盲目行动有直接关系。大多数基金经理没有积极开动脑筋，而是像个傻瓜一样进行决策，他们个人得失心态太明显。如果一个非传统的决策效果不错，他们会被上司拍拍肩膀；但如果这个决策表现很差，他们会跌得很惨。因此，对他们来说，常规的失败是最好的选择。旅鼠的群体形象不佳，但没有任何一对旅鼠受过巨大的压力。

　　令巴菲特感到非常疑惑的是，有那么多受过良好教育、经验丰富的职业投资家在华尔街工作，但证券市场上却并没有因此而形成更多的逻辑和理智的力量。实际上，机构投资者持有的股票价格波动往往最剧烈。企业经理不能决定股价，他们只能希望通过公布公司的资讯来鼓励投资者理智地行动。巴菲特注意到股价的剧烈波动与机构投资者类似于旅鼠的行为关系更大，而不是与他们持有的公司的业绩有关。巴菲特长期购买及持有的战略与当今机构投资者的目的和看法背道而驰。每当华尔街稍有风吹草动时，机构投资者会迅速调整他们的投资组合。他们的行为主要基于保护自己以免跟不上市场形势，而不是对公司良好内在价值的真正认知。

当你要保证你的投资绝对安全的时候，请一定要牢记巴菲特所说的旅鼠的故事。想一下，你是不是盲从于市场，你是不是买入了一只股价过高的股票，而这只股票的股价根本不具有足够的"安全边际"，追逐这样一个热门股会不会让你面临一个悲惨的命运。要避免的唯一方法是严格遵循巴菲特的"安全边际"原则，在什么时候都要保持安全第一，在买入股票的时候，一定要坚持股价上有充分的"安全边际"，这样你才能保证自己的投资绝对安全。

慎对权威和内部消息

股票市场涨涨跌跌的过程，也是权威和内部消息转变为共同认识的过程，这个过程对普通投资人而言，不存在绝对确定的东西。如果你不能获得翔实的内幕的话，就不要去追求内幕信息，不要去寻找你根本掌握不了的确定性。

巴菲特说："投资经纪人会告诉你在未来两个月内如何通过股指期货、期权、股票来赚钱完全是一种不可能的幻想。如果能够实现的话，他们也根本不会告诉投资人，他们自己早就赚饱了。"

与其向那些只关注股市行情而不重视调查研究的经纪人或投

资专家寻找投资建议，不如从自己的生活中寻找那些优秀公司的股票。在股市里，每天都有许多权威人士作不同的分析和预测。有不少投资者总爱看股评，可又不敢相信股评，而实际上还是受到股评的影响。事实上，在股票交易中，巴菲特认为，专家的意见很重要，因为专家经过较长时间研究各家上市公司的财务结构、上游材料供应、下游产品经销、同行竞争能力、世界经济景气影响、国内经济发展情况以及未来各行业发展潜力，在这个基础上做出的分析，往往是比较正确的。根据他们的建议选择投资对象和投资时机，犯错误的机会要小得多。但是对于专家的意见，巴菲特认为投资者还是应该表现出一定的鉴别意识和批判精神。

在铺天盖地的股评中，股评家还常说股市或某只股票有上涨的动力、下跌的压力等，很多投资者信以为真。巴菲特说："我从来没有见过能够预测市场走势的人。"他建议投资人不要相信所谓的专家、股评家。有时，我们在电视上看到这样的解说："受美联储升息的传言影响，华尔街股市大幅下挫。"以此类推，诸如此类的传言和消息常常影响股市的走势，甚至可能改变股市的走势，使牛市变成熊市。反之亦然，因受某种消息刺激，熊市也可以变成牛市。市场自有其运行的规律，但市场常常显得很脆弱，一个突如其来的消息或是内幕甚或是毫无根据的传言也可以使得它上下震荡。因为股市上很多靠消息投机的投资人，他们的心理其实很脆弱，风声鹤唳，草木皆兵，担心一有风吹草动，将使自己血本无归。

所以相信传言和所谓的内幕消息，都可导致股市的不理性和动荡。这又在某种程度上似乎印证了消息的可靠性和传言的真实性，这是错误的看法。从长远来看，所谓的消息和传言不能左右股市的运行规律，股市的运行根本上受公司经营业绩的影响，也就是说，企业的经营业绩左右着股市的运行规律。

投资者要把握股市的运行规律就得排除所谓传言和内幕消息的影响，立足于公司的经营业绩和获利能力。市场无论怎么运行，总会有正确反映公司经营业绩的时候，所以立足于公司的内在价值，选择合适的买入价位，然后等待股价上扬，而不在乎股市的短期涨跌，更不要听信所谓的传言和内幕消息。巴菲特常不无自豪地说："就算美联储主席偷偷地告诉我未来两年的货币政策，我也不会改变我的任何一个作为。"这种独立判断而不受消息左右的理性行为在股市上难能可贵，是投资制胜的重要条件。

总之，投资者在投资中应完全纠正相信权威和内部消息的依赖思想。应在自己进行独立分析研究的基础上，与股评观点进行切磋，提高自己的分析能力。请记住林奇的忠告：作为一个投资者，你的优势不在于从华尔街专家那里获取一些所谓的投资建议，而是你已经拥有的一些生活常识。当你投资你所熟悉的公司或行业的时候，利用你的优势，你的投资能够比那些专家更加出色。

如果你有100万美元和一堆内幕消息，那么一年之后你将一文不名。

——股神巴菲特

寻找超级明星企业:
买最好的公司和最好的管理层

选择有竞争优势的企业

有些投资者在寻找投资目标时,往往只关注股价是否便宜。巴菲特告诉我们,选择企业时应关注企业业务经营状况,要选择那些具有竞争优势的企业进行投资。以一般的价格买入一家非同一般的好公司要比用非同一般的好价格买下一家一般的公司好得多。

巴菲特说:"对于投资者来说,关键不是确定某个产业对社会的影响力有多大,或者这个产业将会增长多少,而是要确定任何所选择的一家企业的竞争优势,而且更重要的是确定这种优势的持续性。"

具有突出竞争优势的企业,具有超出产业水平的超额盈利能力,长期来说,能够创造远远高于一般企业的价值增值。

巴菲特始终遵循他的导师格雷厄姆的教导:"我认为迄今为止最优秀的投资著作是本杰明·格雷厄姆的《聪明的投资者》,他在最后一章的最后一部分的开头写道:'当投资最接近于企业经营时才是最明智的。'"

巴菲特认为,股票并非一个抽象的概念,投资人买入了股票,不管数量多少，决定股票价值的不是市场，也不是宏观经济，而是公司业务本身的经营情况。巴菲特说："在投资中，我们把自己看成是公司分析师，而不是市场分析师，也不是宏观经济分析师，甚至也不是证券分析师……最终，我们的经济命运将取决于我们所拥有的公司的经济命运，无论我们的所有权是部分的还是全部的。"

巴菲特将他的投资成功归功于他的商业思维。他说："我是一个比较好的投资者，因为我同时是一个企业家。我是一个比较好的企业家，因为我同时是一个投资者。"

巴菲特总是集中精力尽可能多地了解公司业务经营情况，他认为公司业务分析的关键在于竞争优势：

（1）企业的业务是否长期稳定，过去是否一直具有竞争优势？

（2）企业的业务是否具有经济特许权，现在是否具有强大的竞争优势？

（3）企业现在的强大竞争优势是否能够长期持续保持？

由于巴菲特是长期投资，所以他非常重视企业是否具有良好的长期发展前景。而企业的长期发展前景是由许多不确定的因素决定的，分析起来相当困难。巴菲特为了提高对企业长期发展前景的准

有的企业有高耸的护城河，里头还有凶猛的鳄鱼、海盗与鲨鱼守护着，这才是你应该投资的企业。

——股神巴菲特

确性，在选择投资目标时严格要求公司有着长期稳定的经营历史，这样他才能够据此分析公司是否具有良好的发展前景，未来是否同样能够继续长期稳定经营，继续为股东创造更多的价值。

巴菲特认为公司应该保持业绩的稳定性，在原有的业务上做大做强，才是使竞争优势长期持续的根本所在，因此巴菲特最喜欢投资的是那些不太可能发生重大变化的公司。

同时，巴菲特在长期的投资中深刻地认识到经济特许权是企业持续取得超额利润的关键所在。

巴菲特在伯克希尔 1993 年的年报中对可口可乐的持续竞争优势表示惊叹："我实在很难找到一家能与可口可乐的规模相匹敌的公司，也很难找到一家公司像可口可乐那样 10 年来只销售一种固定不变的产品。尽管 50 多年来，可口可乐公司的产品种类有所扩大，但这句话仍然非常贴切。就长期而言，可口可乐与吉列所面临的产业风险，要比任何电脑公司或是通信公司小得多，可口可乐占全世界饮料销售量的 44%，吉列的剃须刀市场则有 60% 的占有率（以销售额计）。更重要的是，可口可乐与吉列近年来也确实在继续增加它们的产品全球市场的占有率，品牌的巨大吸引力、产品的出众特质与销售渠道的强大实力，使得它们拥有超强的竞争力，就像是在它们的经济城堡周围形成了一条条护城河。相比之下，一般的公司每天都在没有任何保障的情况下浴血奋战。"

因此，巴菲特认为可口可乐是一个竞争优势持续"注定必然如此"的典型优秀企业。

巴菲特将竞争优势壁垒比喻为保护企业经济城堡的护城河，强大的竞争优势如同宽大的护城河保护着企业的超额盈利能力。

我们喜欢拥有这样的城堡："有很宽的护城河，河里游满了很多鲨鱼和鳄鱼，足以抵挡外来的闯入者——有成千上万的竞争者想

102

Warren Buffett
巴菲特的财富金律

夺走我们的市场。我们认为所谓的护城河是不可能跨越的，并且每一年我们都让我们的管理者进一步加宽我们的护城河，即使这样做不能提高当年的盈利。我们认为我们所拥有的企业都有着又宽又大的护城河。"

选择盈利高的企业

一家优秀的企业应该可以不借助债务资本，而仅用股权资本来获得不错的盈利水平。优秀企业的投资决策，会产生令人满意的业绩，即使没有贷款的帮助也一样。如果公司是通过大量的贷款来获得利润的，那么该公司的获利能力就值得怀疑。

巴菲特说："我想买入企业的标准之一是其有持续稳定的盈利能力。"

在他看来，一个公司的权益资本收益率与股东收益率是衡量公司盈利能力最重要的指标。

投资分析家通常用每股税后利润（又称为每股收益）来评价企业的经营业绩。上年度每股收益提高了吗？高到令人满意的程度了吗？巴菲特认为，这只是个烟幕。因为大多数企业都保留上年度盈利的一部分用来增加股权资本，所以没有理由对每股收益感到兴奋。如果一家公司在每股收益增长 10%，那就没有任何意义。在巴菲特看来，这与把钱存到储蓄账户上，并让利息以复利方式累计增长是完全一样的。

"对经营管理获利状况最重要的量度，是已投入股权资本的收益状况，而不是每股收益。"巴菲特更愿意使用权益资本收益率——经营利润对股东的比例来评价一家公司的经营业绩。

采用权益资本收益率时，需作某些调整。首先，有价证券应该按投资成本而不是市场价格来估价。因为股票市场价格会极大地影响一家公司权益资本收益率。例如，如果一年中股价戏剧性地上升，那么公司的净资产价值就会增加，即使公司经营业绩的确非常优秀，但与这么大的股权市值相除，权益资本收益率也将急剧减小。相反，股价下跌会减少股东收益，从而会使平庸的盈利状况看起来比实际好得多。

其次，投资人也应控制任何非经常项目对公司利润的影响。巴菲特将所有资本性的收入和损失及其他会增减利润的特殊项目全部排除在外，集中考察公司的经营利润，他想知道，管理层利用现有资本通过经营能产生多少利润。他说，这是评判公司获利能力的最好指标。

巴菲特认为，衡量一家公司盈利能力的另一最佳指标是股东收益率。

高水平的权益投资收益率必然会导致公司股东权益的高速增长，相应也会导致公司内在价值及股价的稳定增长。长期投资于具有高水平权益投资收益率的优秀公司，正是巴菲特获得巨大投资成功的重要秘诀之一。

一般说来，管理层用来实现盈利的资本包括两部分：一部分是股东原来投入的历史资本，另一部分是由于未分配利润形成的留存收益。这两部分资本是公司实现盈利创造价值的基础。如果说公司当前的市值反映了股东历史投入资本所创造的价值，那么公司未来市值的增长主要反映了留存收益创造的价值增长。否则管理层利用股东的留存收益不但不会创造价值，而且会毁灭价值。

事实上，分析留存收益的盈利能力并不容易，需要注意的是必须根据不同时期的具体情况具体分析，不能仅仅计算总体收益率。

很多情况下，在判断是否应当留存收益时，股东们不应当仅仅将最近几年总的增量收益与总的增量资本相比较，因为这种关系可能由于公司核心业务的增长而扭曲。在通货膨胀时期，核心业务具有非凡竞争优势的公司，在那项业务中仅投入一小部分增量资产就可以产生很高的回报率。但是，除非公司销售量正处于巨大的增长中，否则出色的业绩肯定可以产生大量多余的现金。即使一家公司把绝大部分资金投入到回报率低的业务中，公司留存资产的总体收益情况仍然可能相当出色，因为投入到核心业务中的那部分留存收益创造了超常的回报。许多股东权益回报率和总体增量资产回报率持续表现良好的股份公司，实际上是将大部分的留存收益投入到毫无吸引力的，甚至是灾难性的项目之中。公司强大的核心业务年复一年地持续增长，掩盖了其他资本配置领域里一再重复的错误。犯下错误的经理们总是不断报告他们从最新的失败中汲取的教训，然后，再去寻找下一个新的教训。

因此，对于投资者来说，重要的是要看重企业的盈利能力。企业将来的盈利能力是投资人投资是否成功的关键所在。

选择价格合理的企业

是不是投资世界上最好的企业就一定会有最好的回报呢？巴菲特给了否定的回答，因为投资成功的一个必要前提是要在有吸引力的价位买入。

何谓有吸引力？就是股票的价格与我们计算的价值相比有足够大的安全空间。也就是说，我们应当在企业的价值被市场低估的时候买入。这看似是小孩子都明白的道理，但在贪婪和恐慌面前，一切都会变得很复杂。巴菲特之所以能成为"股神"，正是源于他无比坚定的执行力，永远把安全空间放在第一位。

巴菲特说："投资人只应该买进股价低于净值2/3的股票。"利用股市中价格和价值的背离，以合理的价格买入，然后在股价上涨后卖出，从而获取超额利润。

巴菲特认为，在购买任何股票前，投资者都要关注企业的市场价格与其内在价值，以保证在理想的价格上买进。不过他也认为，确定企业内在价值并不是一件容易的事情。内在价值的概念既严格又富于弹性，我们并没有一个人能够得出企业内在价值的公式，关键是你得懂这个企业。在巴菲特看来，如果一家企业的经营业绩出众，即使它在短期内被市场忽略了，但它的价值最终会随之上涨的。

投资者在寻找到具有持续竞争优势的企业后，买入其股票并不能保证他获得利润。他应该首先对公司内在价值进行评估，确定自己准备买入的企业股票的价值是多少，然后将该价值与股票市场价格进行比较。巴菲特称之为"用40美分购买价值1美元的股票"。

格雷厄姆曾说："最聪明的投资方式就是把自己当成持股公司的老板。"这是有史以来关于投资理财最为重要的一句话。试想一下，

作为一名投资者，你的目标应当是以理性的价格买入一家有所了解的公司的部分股权，在从现在开始的5年、10年和20年里，这家公司的收益实际上肯定可以大幅度增长。在时间的长河中，你会发现只有几家公司符合这些标准。
—— 股神巴菲特

是不是大多数投资者正是由于没有将自己看成是企业的主人，而只是将它看成了短期获利的工具呢？所以，人们对企业的关心程度是不够的，甚至常常在对其并没有充分了解的时候就匆匆下手。如果我们能将自己看成是企业的主人，情况则会大不相同。我们会关心它，包括它的过去、现在与未来，它的成绩与失误，它的优势与劣势，明白了这些，我们对企业的价值到底有多少也会做到心中有数。这样也有助于我们确定该企业股票的合理价格。

使用自己的投资系统是巴菲特的一个天性。他不再需要有意识地思考每一个行动步骤。

例如，巴菲特经常谈到根据长期国债的当前利率将估算出的企业未来收益折现以判断企业现值的方法。但他真是这样做的吗？根据他的合伙人查理·芒格所说，事实并非如此。芒格曾在伯克希尔公司的一次年会上说："我从没见他这么做过。"这是因为巴菲特的行动是下意识的。

当他看到一家他了解的企业时，凭借数十年的分析企业价值的经验，他的潜意识会生成一幅精神图像，展现出这家公司在 10 年到 20 年后的样子。他可以简单地比较两幅图像，也就是这家公司今天的状况和未来的可能状况，然后立刻做出是否购买这家企业股票的决策。

当超市里的一名购物者看到他最喜欢的肥皂正以 5 折出售时，他不需要做复杂的计算就知道这是划算的价格。巴菲特同样不需复杂的计算就能知道一家公司的售价是否划算。对他来说，一个投资对象是不是便宜货是显而易见的。

当巴菲特于 1988 年购买可口可乐的股票时，这家公司的每股收益是 36 美分。这些收益产生于 1.07 美元的每股净资产，因此可口可乐的净资产回报率是 33.6%。而且，它的净资产回报率在过去的几年

BA FEI TE DE CAI FU JIN LU | 107

中一直保持在这个水平。假设可口可乐的净资产回报率和分红率均保持不变，那么在 10 年内，它的每股收益将增长到 2.13 美元。

在巴菲特购买可口可乐的股票时，该股的市盈率在 10.7~13.2。按这个倍数估算，可口可乐的股价将在未来 10 年内达到 22 ~ 28 美元。

巴菲特的目标投资收益率是 15%。他的平均买价是每股 5.22 美元，按 15% 的年回报率计算，可口可乐的股价应该在 10 年后上涨到 21.18 美元。

巴菲特购买的是一家企业的股份。如果企业本身是健康的，股市的波动不算什么，可口可乐的收益不会受到影响，而且仍会增长。事实上，巴菲特可以估算出，可口可乐在此后 10 年中的每股分红累计将达 5 美元左右。

结果，在 1998 年年末，可口可乐的市盈率达到了 46.5 倍，股价为 66.07 元。巴菲特的平均买价是 5.22 美元，所以他的年复利率是 28.9%。这还不包括分红。

即使你决定要像巴菲特那样做一个理性的投资者，可是你并不知道一个企业的股票到底值多少钱。巴菲特认为，要解决这个问题，一半靠科学的分析，一半靠天赋。他说："你应当具备企业如何经营的知识，也要懂得企业的语言（即知道如何看懂那些财务报表），对于投资的某种沉迷，以及适中的品格特性，这可是比智商高低更为重要的因素，因为他将增进你独立思考的能力，使你能够避免不时在投资市场上传染的形形色色的大面积的歇斯底里。"

选择有经济特许权的企业

许多投资者所犯的错误是认为企业股票的价格及其涨落取决于其与竞争对手竞争的情况。用简单的话说，就是取决于它的经济特许权。但请记住，我们买的不是股票，而是企业。作为企业买主，我们必须认识到有许多力量影响着股票价格——这些力量往往与企业的实力及其经济特许权有关。

巴菲特说："经济特许权是企业持续取得超额利润的关键。"

与没有经济特许权的企业相比，拥有经济特许权的企业被淘汰的可能性要小得多。长期的盈利预测也比较容易做出。

巴菲特认为，一个出色的企业应该具有其他竞争者所不具有的某种特质，即"经济特许权"。那些具有经济特许权的企业在市场上有着一种特别的能力，其他企业就不能挤进这一领域与你竞争，更不可能与你展开价格战，分享你的利润。巴菲特曾经将企业的经济特许权价值描述为一条环绕企业城堡的护城河。这些特权给企业加装了一道安全防护网，使其在多变的商业世界里多了一份保障。

根据巴菲特的观点，整个经济世界可划分为两个团体：有特许经营权的企业形成的小团体和一群普通的商业企业组成的大团体。后者中的大部分企业的股票是不值得购买的。巴菲特把特许经营定义为：一家公司提供的产品或服务有市场需求甚至是强烈的需求，并且没有比较接近的替代产品，没有受到政府的价格管制。这些特许经营型企业有规则地提高它们的产品或者是服务的价格，却不必担心失去市场份额。特许经营型企业甚至可以在需求平稳、生产能力未充分利用的情况下提价。这种定价的灵活性是特许经营的一个重要特性，它使得投资可以得到超乎寻常的回报。特许经营企业另一个明显的特点是拥有大量的经济信誉，可以更有效地抵抗通货膨胀带来的负面影响。

相反，普通的商业企业所提供的产品或者服务与竞争对手往往大同小异或者雷同。几年前，普通的商品包括油料、汽油、化学品、小麦、铜、木材和橘汁。如今，计算机、汽车、空运服务、银行服务和保险业也都成了典型的日用商品。尽管有巨大的广告预算，它们的产品或者服务仍然与竞争对手没有实际意义上的区别。

具有经济特许权是出色企业的特点，与没有经济特许权的企业相比，它今后 20 年的情况更容易预测。从踏入投资行业开始，巴菲特便对这种具有特许权的公司有着极为浓厚的兴趣。在他看来，在普通企业遭遇危机的时刻，那些具有经济特许权的企业虽然也可能受到影响，但它们的经济特许权的地位却是不可动摇的。而且在这样的时刻，股价一般都会下跌，这正是买入的大好时机。

就像可口可乐公司，它拥有全世界所有公司中价值最高的经济特许权。"如果你给我 1 000 亿美元用以交换可口可乐这种饮料在世界上的特许权，我会把钱还给你，并对你说：'这不可能。'"

对企业所有者来说，经济特许权意味着很难遇到竞争。虽然可口可乐比一般饮料贵，但喜欢可口可乐的人不会在乎。你无法通过降价与可口可乐竞争，这也是经济特许权存在的一个表现。人们很难与易趣竞争，因为它拥有世界上最大的网上拍卖市场。人们之所以很难与吉列竞争，是因为它拥有大量忠实的客户。迪士尼、箭牌糖果公司也是如此。

经济特许权并不限于热爱一种产品。虽然许多人对微软公司不满，却依旧使用视窗软件，因为大量软件需要依赖它运行，一定程度上可以说是被迫使用。虽然人们也许不满于附近的沃尔玛超市给邻居的百货店带来的遭遇，却仍然在沃尔玛购买小百货，因为那里的小百货便宜得让他们无法拒绝。沃尔玛具有价格特许权。

特许经营通常会形成盈利优势。优势之一表现在可以自由涨价从而获得较高的盈利率。另一点则是在经济不景气时，比较容易生存下来并保持活力。巴菲特认为，持有一家即使犯了错误，利润仍能超过平均水平的企业的股票是值得的。"特许经营企业可以容忍管理失误，无能的管理者可能会减少它的盈利能力，但不会造成致命的损失。"

拥有特许权的企业更加引人注目的一点在于，它们能够与通货膨胀保持同步。换言之，成本上涨时，它们能够提价。即使可口可乐、吉列剃须刀或者星巴克的大杯咖啡今天的价格比昨天要贵，人们也仍然会购买这些商品。

如果你理解了所谓经济特许权类型的企业，你便不难从众多的股票中把它们找出来。如果你恰好以一个合适的价格买进此股票，并长期持有它的话，那你的投资几乎是零风险。

选择超级明星经理人管理的企业

投资者在选择投资目标时，也应该注重一个企业的优秀的经理人，因为优秀的经理人更注重公司长期保持专业化的经营，只有专业化的经营才能使公司盈利能力更强。此外从合作者的角度来看，大家都愿意并喜欢与尊敬的人一起共事，因为这可以使良好的结果出现的机会最大化，并且保证一个良好的合作过程。

巴菲特说："在进行控股收购和股票买入时，我们要像购买目标公司，不仅需要该公司的业务优秀，还要有非凡出众、聪明能干并且受人敬爱的管理者。"

以巴菲特多年的投资经验来看，他只选择那些他喜欢、信任和敬佩的经理人管理的优秀企业，他觉得这样才有机会获得良好的投资回报，巴菲特把这称为与伟人一起才能成就伟业。

在 1989 年巴菲特公开宣布他已持有可口可乐公司 6.3% 的股份。当被问到为什么没有更早地持有该公司的股票时，巴菲特回答是因为过去他对可口可乐的长期发展前景缺乏信心。

至于为什么后来又买进可口可乐公司的股票，巴菲特给出的解释是他看到了可口可乐公司在 20 世纪 80 年代在罗伯托·郭思达和

在生活中，如果你正确选择了你的英雄，你就是幸运的。我建议你们所有人，尽你所能地挑选出几个英雄。

—— 股神巴菲特

唐·基奥领导下所发生的巨大变化。自 1962 年起一直担任公司总裁的保罗·奥斯汀 1971 年被任命为董事长，之后可口可乐公司就开始进行了大规模的多元化经营，比如投资于众多与可乐无关的项目，包括水净化、白酒、养虾、塑料、农场等。

巴菲特认为这些举措是在浪费宝贵的资金。在股东的压力下，奥斯汀被迫辞职，1981 年可口可乐公司第一位外籍总裁罗伯托·郭思达上任。罗伯托上任后全力以赴转向美国可乐市场上与百事可乐的竞争。1985 年，可口可乐放弃了已使用 100 多年的老配方，推出了新的可乐配方。这一惊人的失误付出了惊人的代价。在无数可口可乐忠诚消费者的压力下，老配方不得不又恢复了。罗伯托渐渐放弃了与可乐无关的业务。从 1984 ~ 1987 年，即巴菲特投资前，可口可乐在全世界的销量增加了 34%，每加仑边际利润也从 22% 上升到 27%，国外的总利润从 6.66 亿美元涨到了几十亿美元。报告中更吸引人的是重新调整后的公司本身。1984 年可口可乐公司的国外利润只勉强占总利润的一半多一点（52%），到 1987 年，它的利润的3/4 来自美国本土以外。在罗伯托的领导下，可口可乐公司的巨大变化吸引了巴菲特的注意。

罗伯托·郭思达拥有非常难得的天赋，将市场销售与公司财务两方面的高超技巧整合在一起，不但使公司产品销售增长最大化，而且也使这种增长带给股东最大化的回报。

1997 年罗伯托·郭思达在被诊断出肺癌的消息对外公布后不到两个月便不幸去世。罗伯托显示出卓越且清晰的战略远见，他总是将公司目标定位于促进可口可乐股东价值不断增长上，罗伯托很清楚他要将公司引向何方、如何到达目的地、为什么这是适合所有股东的最佳路径。同样重要的是他对于达成以上目标有着强烈的渴望。

选择具有超级资本配置能力的企业

投资者需要注意的是能够体现管理层高超的资本配置能力的一个重要标志就是，管理层在公司股价过低时大量进行股份的收购，但是需要注意的是，管理与业务相比，业务是公司发展的根本所在，优秀的管理能够为优秀的公司锦上添花。所以在应用这个原则时，不能忽视掉公司的业务。

巴菲特说："企业经理的最重要的工作是资本配置。一旦管理者作出资本配置的决策，那么最为重要的就是，其行为的基本准则就是促进每股的内在价值的增长，从而避免每股的内在价值的降低。"

巴菲特认为资本配置对企业和投资管理都是至关重要的，管理层最重要的能力就是资本配置的能力。资本配置的能力主要体现在管理层能否正确地把大量的资本投资于未来长期推动股东价值增长的最大化的项目上，可以这么说，资本配置上的远见在某种程度上决定了公司未来发展的远景。

比如在可口可乐每年的年报中，管理层都会一再重申："管理的基本目标是使股东价值最大化。"罗伯托·郭思达在公司"80年代的经营战略"中指出："未来10年内我们要继续对股东负责，使他们的投资增值。为了给我们的股东创造高于平均水平的投资收益，我们必须找到条件合适、回报率超过通货膨胀率的项目。"

公司的经营战略则强调使公司长期现金流最大化。为实现这一目标，可口可乐公司采取的是集中投资高收益的软饮料企业，并不断降低成本的经营战略。这一战略的成功直接表现为公司现金流增长、权益资本收益率提高和股东收益增加。为实现这一宗旨，可口可乐公司通过增加权益资本收益率和利润率来提高红利水平，同时减少红利支付率。

在20世纪80年代，可口可乐公司支付给股东的红利平均每年增长10%，而红利支付率却由65%降至40%。这样一来，可口可乐公司可以把更多的未分配利润用于再投资，以使公司保持一定的增长率。净现金流的增长使可口可乐公司有能力增加现金红利并回购股票。1984年，公司第一次采取股票回购行动，回购了600万股。

从这以后，公司每年都要回购股票。1992年7月，可口可乐公司再次宣布：从现在起到2000年，公司将回购1亿股，相当于公司流通股份总数的7.6%。罗伯特·郭思达自信，由于公司强大的盈利能力，完全可以做到这一点。从1984～1996年的12年间，可口可乐总共动用了53亿美元，回购了4.14亿股，相当于1984年初公司流通股份的25%。如果按1993年12月31日的收盘价计算，回购的这些股票价值185亿美元。巴菲特对可口可乐回购股份之举大加赞赏。

消费垄断企业是优先选择的投资对象

布鲁伯格认为，企业便利的地理位置、彬彬有礼的雇员、周到的售后服务、令人满意的产品品质等因素令消费者信赖，从而产生一种心理状态——商誉意识。消费者的商誉意识带来了消费垄断。而商誉意识虽然只是一种消费心理状态，但作为一种无形资产却具有巨大的潜在价值。它常常驱使消费者对某些商品产生一种信任，只购买某几种甚至某种商品。这样就会给企业带来更高的利润增长、良好的业绩等，此类公司的股票自然会被追加，股价也会随之上涨。这类公司即使在经济不景气的情况下也会有突出的表现。

巴菲特说："对于投资来说，关键不是确定某个产业对社会的影响力有多大，或者这个产业将会增长多少，而是要确定任何所选择的一家企业的竞争优势，而且更重要的是确定这种优势的持续性。那些所提供的产品或服务周围具有很宽的护城河的企业能为投资者带来满意的回报。"

2000年4月，在伯克希尔公司股东大会上，巴菲特在回答一个关于哈佛商学院的迈克尔·波特的问题时说："我对波特非常了解，我很明白我们的想法是相似的。他在书中写道，长期的可持续竞争优势是任何企业经营的核心，而这一点与我们所想的完全相同。这正是投资的关键所在。理解这一点的最佳途径是研究分析那些已经取得长期的可持续竞争优势的企业。问问你自己，为什么在吉列公司称霸的剃须刀行业根本没有新的进入者。"

巴菲特把市场上的众多公司分成两大类：第一类是投资者应该选购的"消费垄断"的公司；第二类是投资者应该尽量避免的"产品公司"。

有些公司在消费者脑海里已经建立起了一种"与众不同"的形象，无论对手在产品质量上如何与这些公司一样，都无法阻止消费者去钟情这些公司。对于这类公司，巴菲特称之为"消费垄断"的公司。巴菲特一直都认为可口可乐是世界上最佳的"消费垄断"公司的例子，这可以通过世界最大的百货连锁公司沃尔玛在美国和英国的消费市场里的情况得到证明。

通过调查发现，消费者在不看品牌的情形下，的确是无法认出哪一杯汽水是可口可乐、百事可乐，哪一杯又是沃尔玛的自有品牌。结果，沃尔玛公司就毅然推出它的可乐品牌，放在几千家的分店外面，和可口可乐、百事可乐的自动售卖机摆在一起卖。自有品牌饮料不但占据最接近入口的优势，而且售价也只是百事可乐和可口可乐的一半。但结果呢？沃尔玛的自制饮料不敌这两个世界名牌汽水的市场占有率，而只是抢占了其他无名品牌汽水的市场而已。

"消费垄断"的威力可以让人忽略产品本身的质量高低，也能够吸引顾客以高一倍的价格购买。尽管在市场上，这些公司并没有垄断，因为还有很多的竞争者来争生意，但在消费者群体的脑海里，它们早已是"垄断型"的公司了。

巴菲特在要买下一家公司股份时，常常先这么问自己："如果我投资几十亿美元开办新公司和这家公司竞争，而且又可以聘请全国最佳经理人，我能够打进它的市场吗？如果不能，这家公司的确不错。"这么问还不行，巴菲特会问自己更深一层次的问题："如果我要投资几十亿美元，请来全国最佳经理人，而且又宁可亏钱争市场的话，我能够打进它的市场吗？"如果答案还是不能的话，这就是一家很优秀的公司，非常值得投资。

这一点，从巴菲特所持有的股票上就可以看出。他持有的每一只股票几乎都是家喻户晓的全球著名企业，其中可口可乐为全球最大的饮料公司；吉列剃须刀则占有全球 60% 便利剃须刀市场；美国运通银行的运通卡与旅行支票则是跨国旅行的必备工具；富国银行拥有加州最多的商业不动产市场并位居美国十大银行之列；联邦住宅贷款抵押公司则是美国两大住宅贷款业者之一；迪士尼在购并大都会 / 美国广播公司之后，已成为全球第一大传播与娱乐公司；麦当劳亦为全球第一大快餐业者；华盛顿邮报则是美国最受尊敬的报社之一，获利能力又远高于同行业。

分析此等企业的共同特点，在于每一家企业均具有强劲的市场利基，也就是巴菲特所说的"特许权"，而与一般的"大宗商品"不同。巴菲特对此种特许权的浅显定义，是消费者在一家商店买不到某种商品（例如可口可乐或吉列剃须刀），虽然有其他类似竞争产品，但消费者仍然会到别家寻找此种产品。而且此种产品优势在可预见的未来都很难改变，这就是他"长期投资"，甚至"永久投资"的基本面因素。

与"消费垄断"的公司相反的是"产品公司"。这类公司生产的产品是那些消费者很难区分竞争者的产品。这些公司的特点是每个竞争者为了争取生意，都必须从产品价格和产品形象两方面竞争，两者对公司收益都不利。这些公司为了吸引顾客，都会拼命打广告，希望能在顾客脑海里建立起和其他竞争者不同的形象，但往往都是白费心思，白白增加成本而已。"产品公司"在市场好时，收益已不算多，一旦遇上经济不景气，大家竞相降价求存，就会导致人人都面临亏钱的困境。"产品公司"是投资者应该尽量避免的公司，这些公司即生产大麦、石油、钢材、铜、电脑配件、民航服务、银行服务等产品的公司。

寻找优秀的管理层很关键

一般来说，如果你选对了人，就能选对企业，所以投资者要多关注企业的管理层品质。

1986 年巴菲特致股东信里说："我和芒格平时通常只有两个工作。其中一个就是邀请优秀的经理人来管理我们的子公司。这项工作对我们来说并不太难。因为在我们收购一家公司时，通常该公司原本的经理人就早已在这个行业充分显现出他们的才能了，我们所要做的其实很简单，就是不要妨碍他们就好了。这是非常重要的一点。这就好比我的工作是组织一支高尔夫球队。如果尼克劳斯或阿诺帕玛在这支球队里，我确实不必费心教他们如何挥杆。"

巴菲特认为，一个优秀的企业必然需要拥有一个优秀的企业管理层。如何为企业寻找优秀的管理层非常关键，最好的方法就是在购并企业时直接把企业的管理层留下来。

巴菲特在购并企业时非常注重该企业管理层是否足够优秀。如果企业的管理层不够优秀，那么一般来说企业的经营业绩就不会多么出色，就不足以吸引巴菲特的投资目光；如果管理层很优秀，又愿意留下来继续经营企业，巴菲特就会很乐意地购并企业；如果管理层很优秀，但不愿意继续留下来工作，那么十有八九巴菲特就会放弃这项购并。

通常，一家公司被其他公司收购后，收购公司都会找新的经理人来掌管这家公司，但伯克希尔公司是个特例。伯克希尔公司每年都会在自己的年报上刊登一小块公司收购广告。在这简短的收购标准中，其中有一条就是公司要具备优秀的管理层，而且伯克希尔公司还郑重声明，伯克希尔公司无法提供这样的公司管理层。只要公司不具有优秀的管理层，伯克希尔公司就不会讨论任何收购事宜。

　　股票投资初看的是企业，其实更重要的应该是人，即这家公司的管理层。在其他条件相同的情况下，这家上市公司的管理层是否足够优秀，是你是否要投资该公司应该考虑的决定因素之一。

——股神巴菲特

相反，如果公司具备这样的优秀管理层，那么伯克希尔公司将会为这些优秀的公司和经理人提供一个非常理想的归属。伯克希尔公司会给予这些经理人广阔的施展舞台，不会干涉他们的经营，只会在他们需要协助时给予他们一定的支持。

著名管理学家柯林斯在撰写两本企业管理相关书籍时做了很多的采访和研究，最后他惊奇地发现，对于企业所有者来说，最大的问题并不是企业的战略问题，而是企业的管理层问题。企业管理层的能力和品质，在很大程度上决定着该企业的发展走向和竞争优势。一旦企业能够找到优秀的管理层，那么该企业的发展前途就不可限量。

上市公司对各种资源进行计划、组织、实施和控制以达到其既定目标，公司董事长和公司高层领导班子的能力十分重要。

1. 高层的竞争意识

公司的高级管理层只有具有了强烈的竞争意识，才能永不满足、锐意进取，积极推动公司迈向长足发展。管理层是否具有强烈竞争意识，关键是看管理层群体是否充满活力，要看其是否具有一种强烈的从事管理工作的欲望，群体中每个人是否有影响他人的欲望，是否有与下属人员共同努力取得成果的欲望。

2. 高层的专业能力

股民所关注的专业能力是公司管理层的整体专业能力，而不是一两个人，而且管理层知识结构要合理，管理、销售、财务等方面都不能偏废。

3. 高层的沟通协调能力

领导的艺术很大程度上在于沟通协调。融洽的关系是协同作战的前提条件。这种沟通不仅仅局限于公司内部，也包括公司外部的各种顾客、供应商、政府部门、社团的沟通等。

股谚有云："选股要选董事长。"此话不无道理。一家公司的成败，公司领导人要负70%的责任。

公司管理层影响着公司内在价值

企业的管理层对企业的长期发展有重大影响。在选择投资企业时，投资者一定要记得观察企业的管理层状况如何。只有选对了管理层，投资的回报才会更丰厚。

1987年巴菲特在致股东信中说："伯克希尔公司旗下的世界百科全书、科比吸尘器公司、斯科特·费策公司等都是拉尔夫一个人领导的，要知道，拉尔夫一个人就担任19个企业的首席执行官。即使如此，伯克希尔公司在1986年收购斯科特·费策公司后的业绩表现就出乎预料，1987年的业绩表现更是再上一层楼，税前利润提高了10%，可是成本却大大降低。"

在巴菲特看来，投资债券和投资股票是不一样的。当然，股票、债券的内在价值，都取决于所预测的公司未来一些年的自由现金流经过一个适当的利率折现后所得到的期望值。但是，股票和债券还是有差别的。债券有债票与到期日，我们可以清楚计算出投资债券的收入，但是股票没有固定的到期日和价格。投资者只能够自己根据企业的经营业绩去估计自己投资股票的收入。由此可见，因为债券的债息和公司的业绩没太大关系，所以管理层的好坏对于公司债券的影响非常有限；而股票的分红和公司的业绩关系非常密切，所以管理层的好坏对于公司股票的影响非常大。

在巴菲特的投资生涯中，他非常看重公司管理层的品质。因为他知道公司管理层的品质将会对公司的长期竞争优势产生莫大的影响，从而影响公司的内在价值。巴菲特曾经说过，优秀的管理层就是一块无价之宝。在收购公司的过程中，如果公司管理层足够优秀，也愿意留下来继续工作，那么他会愿意用比较昂贵的价格收购这个公司；如果优秀的管理层不愿意留下来工作或者公司的管理层不太出色，那么即便公司出再低的价格，他也不太愿意收购。

在巴菲特心中，斯科特公司的总裁拉尔夫就是一位非常优秀的管理者。1987年世界百科全书推出了新版本，这次新版本的改动很多。全套书籍中的彩色照片从原来的14000幅增加到24000幅，重新编写的文章超过6000篇，参与编写的作者多达840位。从1982年到1987年，世界百科全书在美国地区的销售量每年都创新高，在其他国家的销售量也有大幅度增加。世界百科全书的销售量比其他所有同类型书籍的销售量多得多。把企业交给这样优秀的经理人来管理，企业的内在价值自然就会上升了。

有很优秀的资金配置能力

资本如何配置对企业的发展至关重要，而资本配置主要取决于企业管理层的决定。

1983年巴菲特在致股东的信中说："我们希望不要重复犯下资金配置错误导致我们投入逊色的产业，同时也对于那些认为只要投入大量资本支出便能改善盈利状况的建议不予理会。打牌似的管理行为并非我们的投资风格。我们宁可整体的结果逊色一点也不愿意花大把银子处理它。"

巴菲特认为考察企业的管理层是否优秀，首先就要考虑管理层的资本配置能力。因为从长远来看，资金分配决定了股东投资的价值。如何分配公司盈利——继续投资还是分配给股东的决策是一个逻辑和理性问题。

巴菲特认为，真正优秀的管理层，可以充分发挥高超的资本配置能力，能够把企业充裕的资金投入到具有高回报率的项目中，从而促使企业内在价值增长，股东权益增加；而那些缺乏资本配置能力的管理层，经常把企业充裕的资金投入到一些毫无起色的项目中，不仅损害了股东的权益，甚至还会降低企业的内在价值，影响企业的长期发展。

很多股票专家认为，股票市场通常会高估公司短期收益，而低估长期盈利水平。所以他们觉得公司如果削减资本支出和研究开发费用，将会实现短期利益最大化，从而推动股价不断上涨。但巴菲特并不赞同这样的观点。他觉得，只有将资金用于资本支出和研究开发，才能够提升公司产品的优势，从而巩固公司的长期竞争优势，提高公司的长期盈利水平。一旦公司的长期盈利水平提高了，企业的内在价值就会提高，而股票市场虽然短期是一架投票的机器，但长期却是一架非常公平的天平，所以股票价格自然也会上涨，而这种上涨是实实在在的，和那种短期上涨是不一样的。股价的短期上涨，说穿了其实就是股市泡沫。

事实证明巴菲特的观点是正确的。1985 年，美国几位金融专家通过研究投资活动和股价变动规律发现，对于美国股市中的大多数工业类股票而言，每当上市公司发布增加有计划的资本性支出公告后，股价就会大幅度上涨；相反，每当上市公司发布减少有计划的资本性支出公告后，股价就会大幅度下跌。另一项针对几百家上市公司的战略性资本支出与投资决策的权威性调查也发现，在美国股票市场中，只要上市公司发布兼并、增加研究开发费用、开发新产品、增加资本性支出公告，公司的股价通常都会有显著上涨。

巴菲特在投资的过程中，也发现了一种奇怪的现象：很多企业的管理层也都非常聪明能干，但是在资金配置方面却喜欢跟风行动。一旦同行有什么新的政策或者投资方案，他们也会很快采取类似的政策和投资方案。如果投资者看过倒闭的投资银行名单，就会发现，尽管纽约股票交易所的规模比过去增加了 15 倍，可是这张名单上的银行规模仍然有 37 家。而这些银行倒闭的原因并不是因为它们的管理层不够优秀，事实上他们非常聪明能干，可是他们却犯了一个非常低级的错误，那就是他们盲目地跟风同行公司的业务。结果，一家投资银行倒了，其他家也跟着倒下了。

能够帮助企业渡过难关

管理层是否优秀，在企业陷入困境时体现得更为明显。越是优秀的管理层，越能够让企业起死回生，峰回路转。投资者就应该寻找具有这种优秀经理人的企业。

1987 年巴菲特在致股东信里写道："接下来是一点记忆回顾。大部分伯克希尔公司的大股东是在 1969 年清算巴菲特合伙事业时取得本公司股份的。这些合伙的伙伴可能还记得当初在 1962 年，我们控股的登普斯特农用机具制造公司经营出现了很多问题。就像现在

投资者购买的股票，其公司管理层一定要优秀。一个优秀的管理层能够在公司遇到困难时帮助企业渡过难关，从而不至于关门倒闭。不用说，每个企业都可能会遇到困境，所以这一点很重要。

——股神巴菲特

一样，当我解决不了问题的时候我就会去找芒格，芒格向我推荐了
一位他在加州的朋友哈里。一星期后，他就来到内布拉斯加州来管
理登普斯特公司，很快很多问题立刻得到了解决。"

巴菲特认为，优秀的管理层对企业来说不可或缺，无论企业优
秀与否，每个企业都有可能陷入困境。很多时候只有这些优秀的管
理层才让企业死里逃生，渡过难关。

在巴菲特的伯克希尔王国中，存在着很多优秀的管理层。巴菲
特觉得，如果企业的资质很好，那么由普通的管理层管理企业一段
时间，也不会发生什么大问题。就像巴菲特说的，如果让他那憨厚
的表弟去管理可口可乐一段时间，可口可乐公司也不会发生什么大
问题，最多就是业务轻微下滑，根本不会伤着可口可乐的根基。但是，
一旦企业遇到问题，这时候优秀的管理层就显得非常重要。只有优
秀的管理层才能够带领企业克服困难，重拾活力，而这是普通管理
层无法做到的。

哈里就是一位巴菲特认为非常优秀的经理人。1962 年，巴菲特
控股的登普斯特农用机具制造公司经营出现重大问题。在芒格的力
荐下，巴菲特邀请哈里来管理登普斯特公司，结果哈里很快就带领
公司走出了困境，迈上了正轨。1986 年，伯克希尔旗下的 K & W 公
司也遇到了经营的难题。K & W 公司是一家专门生产自动机具的小
公司。以前这家公司的经营业绩都还不错，可是，在 1985 ～ 1986
年经营突然发生了状况，当时的公司管理层放弃生产一直销售良好
的产品，却盲目追求依照实力达不到的产品。看到 K & W 公司陷入
这样的困境，负责监督 K & W 的芒格又一次找到哈里，聘任哈里为
该公司的 CEO。哈里的表现依然那么出色。很快 K & W 公司的经
营问题就解决了。1987 年，K & W 的盈利水平就创下新高，净利润
比 1986 年增长了 3 倍，而且产品库存和应收账款也少了 20%，不但

一举摆脱了原来的困境，还使 K & W 公司的发展更上一层楼。看到哈里如此出色的表现，巴菲特幽默地说，如果伯克希尔公司在今后的 10 年或 20 年中也遇到了同样的经营问题，不用说大家也知道他会打电话找谁了。巴菲特的话很显然就是找哈里这个能帮企业渡过难关的优秀经理人。

能够成为企业的一部分

如果在投资的过程中，你碰到哪家企业的管理层对企业倾注心血，鞠躬尽瘁，几乎都把企业当作自己所有的一样来认真管理，那么你可以选择投资这家企业，他会把为股东赚钱当作为自己赚钱一样尽心尽力的。

1982 年巴菲特在给股东的信里说道："今年我们有两位明星经理人退休了，分别是国家产险公司 65 岁的菲尔利舍和美联社零售公司 79 岁的罗斯纳。这两个人的优异表现让伯克希尔公司变得更为富有。国家产险公司是支持伯克希尔公司发展的中流砥柱。菲尔利舍和继承他职位的林沃特都是该公司成功的主要推手。在 1967 年将美联社零售公司以现金卖给多元化零售公司后，罗斯纳原本仅承诺做到当年年底，如今他又继续做了 15 年，依然表现得非常杰出。菲尔利舍和罗斯纳两人都为伯克希尔鞠躬尽瘁，他们对待公司的热忱和尽责就仿佛在管理他们自己拥有的公司一样，根本无须制定很多额外的规则来约束他们。"

巴菲特本身就是一个把企业当作自己 100% 拥有的企业来对待的经理人。虽然巴菲特是伯克希尔公司的大股东，但伯克希尔公司并不是巴菲特一个人的，而是属于伯克希尔所有股东的。但巴菲特总是认真做好每一次投资，从不因为自己手中握有大量伯克希尔公司的现金就随意投资。巴菲特认为，股东的每一分钱都是很重要的。

每投资一分钱，就必须赚回一定的利润，利润至少不能低于企业的平均增长率，这样才能对得起公司所有的股东。巴菲特说，他管理伯克希尔公司的长远目标，就是要实现公司每股内在价值的增长率达到最高，为股东们谋取最高的回报。

因为巴菲特在寻找投资企业时，通常只会投资于那些管理层非常优秀的企业。所以伯克希尔公司旗下有太多像菲尔利舍和罗斯纳这样把别人的企业当作自己 100% 拥有的企业来管理。

内布拉斯加家具店的 B 夫人是巴菲特非常崇拜的一个人。当内布拉斯加家具店被伯克希尔公司收购时，B 夫人已经 90 岁了，但她并没有马上回家休息，相反地，她仍然担任公司的负责人，每周七天都待在商店，其中销售地毯更是她的专长。她一个人的业绩便足以打败所有其他零售业者。当地的报纸曾形容她每天工作完便回家吃饭睡觉，每晚等不到天亮便急着要回店里上班。她一天所决定的事情可能比一家大公司总裁一年内决定的事还多。她并不缺钱，当时伯克希尔公司收购内布拉斯加家具店时付给了她一大笔钱。她这么费心费神，只是因为她把这个家具店当成是自己 100% 拥有的，希望这个家具店的发展越来越好。

可以把回购股票看作是风向标

除了那些恶意回购股票的交易外，一般来说，我们可以把回购股票当作是衡量企业股票物有所值的风向标。如果某个企业开始回购股票，那么你就可以选择投资该企业。

1984 年巴菲特在致股东信里写道："如同去年我报告过的，1983 年 GEICO 宣布实施库藏股买回自家股票。我们签署协议同意 GEICO 自我们手中买回等比例的股份，最后我们卖给 GEICO 35 万股，并收到 2 100 万美元的现金。而同时我们在 GEICO 的持股比例则维持不变。"

巴菲特认为，一个优秀的企业要有一个优秀的管理层很重要。可是要衡量一个企业的管理层是否优秀，这并不容易。巴菲特觉得投资者可以把回购股票当作管理层优秀的一个标志。

在巴菲特看来，公司管理层对自己的公司经营情况最了解。如果企业管理层觉得现在的股票价格低于其内在价值，那么公司管理层回购股票是非常正确的做法。这样做至少有两点好处：第一，管理层选择回购股票，这充分体现了管理层更重视的是股东的权益，而不是盲目地扩张公司的架构。这样的立场使得原有的股东与有兴趣的投资人将对公司的前景更具信心，股价就会上涨，从而与其内在价值更为接近。第二，公司回购股票的行为，让投资者明白，公司股票的内在价值是超过它现有的价格的，这对于继续持股的投资者来说是非常有利的。

1984年，伯克希尔公司的三大投资公司政府雇员保险公司、通用食品公司和华盛顿邮报公司都回购了大量股票。从这次回购的过程中，伯克希尔公司通过出售一定份额的股票获得了很多现金。但事实上，伯克希尔公司所持有的股份比例却还是和原来一样。例如伯克希尔公司就出售了35万股股票给政府雇员保险公司，获得了2 100万美元的现金。但是由于政府雇员保险公司回购股票后在外流通的股票变少了，所以伯克希尔公司在政府雇员保险公司的持股比例依然没有改变。

巴菲特对于这种回购股票的做法非常赞同。在巴菲特看来，如果一家公司拥有良好的经营业绩、很小的财务杠杆、持续的竞争优势，但是股票价格远远低于其内在价值时，保护股东权益的最好方法就是回购股票。

巴菲特认为股票回购的回报是双重的。如果股票的市场价格低于其内在价值，那么回购股票就有良好的商业意义。例如，某公司股票市价为50美元，内在价值却是100美元。那么管理层每次回购时，就等于花费1美元而得到2美元的内在价值。这样的交易对余下的股东来说，其收益非常高。

巴菲特进一步认为，公司经理们在市场上积极回购股票时，是在表示他们以股东利益最大化为准则，而不是不计较效益盲目扩展公司资产与业务。这种立场向市场发出了利好信号，从而吸引其他正在股市上寻找管理优秀且可以增加股东财富的公司的投资者。此时，股东通常可以得到两项回报——第一项是最初公开的市场上的购买，紧接着是因投资人的追捧而造成的股价上扬。

当然了，不是所有的回购股票行为都是好事情。近年来有一些公司管理层为了自己的私人利益，和某些公司的大股东私下进行回购股票的交易。通常他们都把回购股票的价格定得过高，这样被回购股票的股东可以从中获利，而企业管理层也将暗中获得一部分好处，最终损害了那些毫不知情的股东权益。

评估企业管理者的两项硬指标

投资者在考察企业的管理层是否优秀时，一定要把重点放在管理层的管理才能和人格品质上。只有两者兼备的管理层，才能为股东带来更多的回报。

巴菲特在1984年的信里写道："很多人常常问我，B夫人经营到底有什么诀窍。其实她的诀窍也没什么特别的，就是她和她的整个家族对事业抱有的热忱与干劲，会让富兰克林与贺拉旭·阿尔杰看起来像辍学生。踏踏实实去实施她所决定要做的事情。能够抵御外部对公司竞争力没有帮助的诱惑。拥有高尚的人格。我们对B夫人家族的人格信任可从以下收购过程中反映出来：在没有找会计师查核，没有对存货进行盘点，没有核对应收账款或固定资产的情况下我们就交给了她一张5 500万美元的支票，而她给我们的只是一句口头承诺。"

优秀的管理者可以把平庸的公司变成伟大的公司，而糟糕的管理者可以把伟大的公司变成平庸的公司。企业的管理层是否优秀，我们通常从公司的业绩和管理层的品质这两个方面来衡量。

1. 公司的业绩

公司业绩的高低，能够在一定程度上反映出公司管理层的管理才能。一方面，优秀的公司管理层能够给股东创造更大的收益回报；另一方面，更大的收益回报又只有在优秀的公司管理层身上才能实现。

B夫人和她的家族都是优秀的经理人，而这也体现在内布拉斯加家具店的经营业绩上。在金融危机严重的2008年，内布拉斯加家具店在奥马哈和堪萨斯城的店的销售额不仅没有减少，反而还分别增加了6%和8%，两个店的销售额双双达到大约4亿美元。巴菲特在2008年年报里说，这些非凡的业绩主要归功于其优秀的经理人。

2. 管理层的品质

巴菲特认为，一个优秀的管理层，不仅要具有非凡的管理才能，更重要的是要有优秀的人格品质。

B夫人就是一个具有优秀品质的人。她人格高尚，对朋友真诚以待，对事业充满激情，对生活满怀热忱。1984年5月是一个特殊的日子，这一天B夫人获得了纽约大学的荣誉博士学位，而在此之前获得如此殊荣的有埃克森石油公司总裁、花旗银行总裁、IBM公司总裁等企业精英。也许你会以为B夫人是名校商学院毕业的，其实不然。B夫人从来没有真正上过学，所以从这一点上看，B夫人一点也不逊于这些国际知名公司大总裁。而令巴菲特庆幸的是，B夫人的儿子们也遗传了她的优良品质。

金
律
六

透析财报：
企业的秘密都在财报里

好企业的销售成本越少越好

只有把销售成本降到最低，才能够把销售利润升到最高。投资者要远离那些销售成本过高的公司，选择那些销售成本比较低的公司。尽管产品销售成本就其数字本身并不能告诉我们公司是否具有持久的竞争力优势，但它却可以告诉我们公司的毛利润大小。

损益表（单位：百万美元）

收入	10 000
— 销售成本	3 000
毛利润	7 000

巴菲特在分析公司是否具有持久竞争优势时，总是从公司的损益表入手，因为损益表可以让投资者了解该企业在一段时期内的经营状况。一般企业会在每个季度末或者年末披露这些信息。

在研究那些优质企业时，巴菲特发现，通过分析企业的损益表就能够看出这个企业是否能够创造利润，是否具有持久竞争力。企业能否盈利仅仅是一方面，还应该分析该企业获得利润的方式，它是否需要大量研发以保持竞争力，是否需要通过财富杠杆以获取利润。通过从损益表中挖掘的这些信息，可以判断出这个企业的经济增长原动力。因为对于巴菲特来说，利润的来源比利润本身更有意义。

在损益表中，总收入下面一行指的就是销售成本，也被称为收入成本。销售成本可以是一个公司其销售产品的进货成本，也可以是制造此产品的材料成本和劳动力成本。

巴菲特在 1985 年的信中说："在新闻事业方面一样很难增加发行量，虽然广告量略增，但主要来自夹报部分，报纸版面上的广告却减少了。前

对管理经济表现的主要评价标准是对使用的权益资本实现高收益率，而不是实现每股收益的持续增长。我们的经验告诉我们，如果一个经理的业务费用很高的话，他会特别倾向于增加费用，而一个业务运行紧凑的经理则总是不断发现节省开支，降低成本的途径，甚至当他的费用已远低于竞争对手时，也是这样。

——股神巴菲特

者的利润远比后者低，且竞争较激烈，所幸去年成本控制得当使得家庭用户订阅数颇好。"

巴菲特认为，要想成为一个优秀的企业，首先需要做到的就是节约成本，尤其是销售成本。因为每个企业时时刻刻都在销售产品，销售成本在整个企业中所占的比重非常大。

所谓销售成本，是指已销售产品的生产成本或已提供劳务的劳务成本以及其他销售的业务成本。销售成本包括主营业务成本和其他业务支出两部分，其中，主营业务成本是企业销售商品产品、半成品以及提供工业性劳务等业务所形成的成本；其他业务支出是企业销售材料、出租包装物、出租固定资产等业务所形成的成本。

S公司是我国铅酸蓄电池行业经营规模最大的企业之一。S公司注册资本是 1.3 亿元，总资产约 13 亿元，年营业额近 20 亿元。但是随着 S 公司销售额的迅速增长，其一直沿用的销售模式和业务流程使得销售成本一直居高不下，主要体现在该公司设立销售分支机构太多，而且机构设置不太合理，浪费了很多资金。此外，该公司规定销售人员有权利报销差旅费、话费等销售费用，很多销售人员就大肆铺张浪费，一点都不节约。虽然该公司的营业额增长很快，但是净利润增长率幅度很低，甚至在行业竞争激烈时还出现过只见销量增长不见利润增长的局面。而造成这样的局面最主要的原因就是该公司的销售成本过高。

作为美国第三大汽车公司的克莱斯勒有限责任公司，由沃尔特·克莱斯勒创建于 1925 年。它曾经一度超过福特，成为美国第二大汽车公司。2009 年 4 月 30 日，克莱斯勒公司宣布破产。克莱斯勒竟成为第一个轰然倒下的汽车业巨头，其罪魁祸首并非金融危机，而是销售成本过高。美国汽车的销售网络从 50 年前就开始建立，那时的公路网络没有现在这样发达，30 公里的路对很多人来说是很长的距离，汽车公司不得不在很短的距离内就建立一个特许经销店，以满足汽车消费者的需求。而现在，公路已经建设得四通八达，以往建立的经销网点就显得太密集，管理成本太高了。2006 年，克莱斯勒在美国的经销商有 3 749 家，总销售量为 214 万辆，平均每家卖出 570 辆汽车；而丰田在美国的经销站只有 1 224 家，总销售量为 205 万辆，平均每家卖出 1 675 辆汽车，是克莱斯勒的近 3 倍。过于密集的销售网点使克莱斯勒产品的销售成本大大提高，而这直接造成两种后果：一方面使产品的价格难以在市场上形成有力的竞争；另一方面也使得公司用于研发的资金比例少于丰田等日本竞争对手。最终高昂的销售成本把克莱斯勒逼到了破产。

长期盈利的关键指标是毛利润／毛利率

企业的毛利润是企业的运营收入之根本，只有毛利率高的企业才有可能拥有高的净利润。投资者在观察企业是否有持续竞争优势时，可以参考企业的毛利率。

巴菲特在1999年为《财富》杂志撰文指出："根据去年的财报，全国最大的家具零售商Levitz自夸其产品价格比当地所有传统家具店便宜很多，该公司的毛利率高达44.4%，也就是说消费者每付100美元所买的商品，公司的成本只要55.6美元。而内布拉斯加家具店的毛利润只有前者的一半。"

显然巴菲特认为，在考察一个公司是否具有持续竞争优势时，毛利润和毛利率是两个关键的指标。

毛利润是指总收入减去产品所消耗的原材料成本和制造产品所需要的其他成本。它不包括销售费用和一般管理费用、折旧费用和利息支出等。例如一件产品的售价为50元，原材料成本和制造产品的成本总和为30元，则该产品的毛利润为20元。毛利率指的是毛利与营业收入的百分比，用公式表示为：毛利率＝毛利润／营业收入 ×100%。

巴菲特认为，毛利率在一定程度上可以反映企业的持续竞争优势如何。如果企业具有持续的竞争优势，其毛利率就处在较高的水平。如果企业缺乏持续竞争优势，其毛利率就处于较低的水平。

如果企业具有持续的竞争优势，企业就可以对其产品或服务自由定价，让售价远远高于其产品或服务本身的成本，就能够获得较高的毛利率。例如可口可乐公司的毛利率为60%左右，箭牌公司的毛利率为51%，债券评级公司的毛利率为73%，柏灵顿北方圣太菲铁路运输公司的毛利率为61%。

如果企业缺乏持续竞争的优势，企业就只能够根据产品或服务的成本来定价，赚取微薄的利润。如果同行采取降价策略，企业也必须跟着降价，这样才能够保持市场份额，毛利率就更低了。很多缺乏持续竞争优势的企业的毛利率都很低。例如通用汽车制造公司的毛利率为21%，美国航空公司的毛利率为14%，美国钢铁公司的毛利率为17%，固特异轮胎公司的毛利率为20%左右。

巴菲特认为，如果一个公司的毛利率在40%以上，那么该公司大都具有某种持续竞争优势。如果一个公司的毛利率在40%以下，那么该公司大都处于高度竞争的行业。如果某一个行业的平均毛利率低于20%，那么该行业一定存在着过度竞争。例如航空业、汽车业、轮胎业都是过度竞争的行业。

毛利率指标检验并非万无一失，它只是一个早期检验指标，一些陷入困境的公司也可能具备持久竞争优势。因此，巴菲特特别强调"持久性"这个词，出于稳妥考虑，我们应该查找公司在过去10年的年毛利率，以确保其具有"持续性"。巴菲特知道在寻找稳定竞争优势的公司时，必须注意持续性这一前提。

毛利率较高的公司也有可能会误入歧途，并且丧失其长期竞争优势，首先是过高的研究费用，二是过高的销售和管理费用，三是过高的债务利息支出。这三种费用中的任何一种过高，都有可能削弱企业的长期经济原动力。很多高毛利率的企业，将大量的毛利润投入在研发、销售和一般管理上，使得净利润减少很多。另外，有些企业的高额利息支出也吞噬了一部分毛利润。

特别关注营业费用

巴菲特认为，企业在运营的过程中都会产生营业费用。营业费用的多少直接影响企业的长期经营业绩。

损益表（单位：百万美元）

　　毛利润　　　7 000

— 营业费用 { 销售费用及一般管理费用　2 100

　　　　　　　研发费　1 000

　　　　　　　折旧费　700

　　营业利润　　　3 200

巴菲特在 1989 年致股东的信中说："如果你没有到过那里，你一定无法想象有珠宝店像波珊那样，销量非常大，在那里你可以看到各式各样、各种价格的种类，而它的营业费用开销大概只有一般同类型珠宝店的 1/3。对于费用的严格控制，加上优异的采购能力，使得它所销售的珠宝比其他珠宝店价格便宜很多，而便宜的价格又总能吸引更多的顾客上门，良性循环的结果使得该店在旺季的单日人流量高达 4 000 人。"

营业费用是指企业在销售商品过程中发生的各项费用以及为销售本企业商品而专设的销售机构（含销售网点、售后服务网点等）的经营费用。商品流通企业在购买商品过程中发生的进货费用也包括在营业费用之中。营业费用一般包括以下五个方面的内容：

（1）产品自销费用：包括应由本企业负担的包装费、运输费、装卸费、保险费。

（2）产品促销费用：为了扩大本企业商品的销售而发生的促销费用，如展览费、广告费、经营租赁费（为扩大销售而租用的柜台、设备等的费用，不包括融资租赁费）、销售服务费用（提供售后服务等的费用）。

（3）销售部门的费用：一般指为销售本企业商品而专设的销售机构（含销售网点、售后服务网点等）的职工工资及福利费、类似工资性质的费用、业务费等经营费用。但企业内部销售部门属于行

要给他们足够的金
钱做他们喜欢做的事。
但不能给他们太多的钱
让他们无所事事。
—— 股神巴菲特

政管理部门，所发生的经费开支，不包括在营业费用中，而是列入管理费用。

（4）委托代销费用：主要指企业委托其他单位代销按代销合同规定支付的委托代销手续费。

（5）商品流通企业的进货费用：指商品流通企业在进货过程中发生的运输费、装卸费、包装费、保险费、运输途中的合理损耗和入库前的挑选整理费等。

营业费用过高，就会在很大程度上影响企业的整体效益。例如2005年江中药业的主营业务收入为9.8亿元，毛利润为6.3亿元，毛利率高达64.58%。按理说这样的毛利率相当高，企业的整体效益应该很好。但是由于投入了大量资金在电视广告和渠道建设上，江中药业的营业费用高达4.1亿元，占到毛利润的65%。一旦销售业绩下滑，江中药业很有可能会负荷不了这么高的营业费用，出现资金缺口。从这一点上看江中未来的发展前景很有可能受制于营业费用过高的风险。

衡量销售费用及一般管理费用的高低

在公司的运营过程中，销售费用和一般管理费用不容轻视。投资者一定要远离那些总是需要高额销售费用和一般管理费用的公司，努力寻找具有低销售费用和一般管理费用的公司。一般来说，这类费用所占的比例越低，公司的投资回报率就会越高。

巴菲特在1983年致股东们的信中说："我们面临的另一个问题，如上表中可看到的是我们实际售出的糖果磅数停滞不前，其实这也是这个行业普遍遇到的困难，只是过去我们的表现明显胜于同行，现在却一样凄惨。过去四年来我们平均每家分店卖出的糖果数事实上无多大变化，尽管分店数有所增加，但销售费用也同样增加。"

巴菲特认为，一个真正伟大的企业，其销售费用和一般管理费用都是非常少的。只有懂得严格控制销售费用和一般管理费用的企业，才能在激烈的市场竞争中出类拔萃。

所谓销售费用，是指企业在销售产品、自制半成品和提供劳务等过程中发生的费用，包括由企业负担的包装费、运输费、广告费、装卸费、保险费、委托代销手续费、展览费、租赁费（不含融资租赁费）和销售服务费、销售部门人员工资、职工福利费、差旅费、办公费、折旧费、修理费、物料消耗、低值易耗品摊销以及其他经费等。所谓一般管理费用包括管理人员薪金、广告费用、差旅费、诉讼费、佣金等。

对于销售费用和一般管理费用这类费用，有人觉得没有多少，不必太计较。其实不然，像可口可乐这样的大公司，这类费用每年都高达数十亿美元，它们对整个公司的运营影响非常大。另外不同的行业不同的公司所占的比例也不尽相同。可口可乐公司每年的销售费用和一般管理费用占当年毛利润的比例几乎一直保持在 59%，宝洁公司这项比例大约为 61%，而穆迪公司的这项比例仅为 25%。

巴菲特认为，公司的销售费用及一般管理费用越少越好。尤其在利润下滑时期，更需要好好控制这类费用，要不然公司可能就会面临倒闭或破产的危险。福特公司最近 5 年内每年花在销售和一般管理上的费用占到当期毛利润比例的 89%～780%，这是一个多么庞大的比例啊！虽然当期福特公司利润下滑，毛利润减少也是一方面原因，但是在销售额减少的情况下还能保持这么高的费用比例，充分说明福特公司的管理机构和销售方式不太合理。如果福特公司就这么继续下去，而不努力减少这类费用的话，公司的利润就会慢慢被吞噬，福特公司就会一直亏损，直至破产或者倒闭。

巴菲特在寻找投资的公司时，他都会挑选销售费用和一般管理费用比较低的公司。在巴菲特看来，如果一家公司能够将销售费用和一般管理费用的比例控制在 30% 以下，那这就是一家值得投资的公司。例如巴菲特收购的波珊珠宝公司和内布拉斯加家具店就是销售费用和一般管理费用非常低的公司。但这样的公司毕竟是少数，很多具有持续竞争优势的公司其比例也在 30%～80%。此外，如果一家公司这类费用的比例超过 80%，那么投资者几乎就可以不用考虑投资这个企业了。如果某一个行业这类费用的平均比例超过80%，那么投资者几乎可以放弃这一行业了。确实有些行业是这样的，例如航空业。

巴菲特知道，即使是销售费用及一般管理花费保持较低水平的公司，它的长期经营前景也可能被其高昂的研发费用、高资本开支和大量债务所破坏。无论股票价格如何，他都对这类公司避而远之，因为他知道，它们的内在长期经济实力如此脆弱，即使股价较低，也不能使投资者扭转终生平庸的结局。

远离那些研究和开发费用高的公司

一般来说，那些必须花费大量资金在研发部门的企业长期经营风险比较大，因为它们的未来发展前景都压在技术或者专利上。一旦发生什么技术灾难，它们很有可能一蹶不振。所以投资者在投资时要尽量避开这些需要巨额研发费用的企业。巴菲特的原则是：那些必须花费巨额研发开支的公司都有在竞争优势上的缺陷，这使得它们将长期经营前景置于风险中，投资它们并不保险。

巴菲特认为，一个企业要想长远发展，就必须具有持续的竞争优势。但巴菲特比较喜欢像可口可乐公司这样的产品和几十年前一样的企业，却不喜欢那些不断依靠专利权或者技术领先而推出新产品来维持竞争优势的企业。

在巴菲特看来，这些依靠专利权或者会依靠技术领先而维持竞争优势的企业，并没有拥有真正持续的竞争优势。例如很多制药公司依靠专利权来维持竞争优势。一旦过了专利权的保护期限，这些制药公司的竞争优势就消失了，而很多高科技公司依靠技术的暂时领先而在业界取得了主导地位。一旦其他公司也研发出了同样的技术，这些公司的竞争优势也会马上消失。为了维持竞争优势，这些公司必须花费大量的资金和精力在研发新技术和新产品上，从而导致它们的净利润减少。

英特尔公司就是一个典型的例子。英特尔公司的优势就在于其半导体芯片技术。几乎80%的电脑上都安装着英特尔的处理器芯片。因为领先的半导体芯片技术，英特尔几乎独霸了处理器芯片市场。既然英特尔占据着这么大的市场份额，一般来说英特尔的经营利润应该非常突出。可是英特尔的经营利润也仅为平均水平。而导致净利润降低的原因并不是英特尔公司的销售费用和一般管理费用，这类费用在英特尔的毛利润中所占的比例很低。对于英特尔来说，最大的开支就是研发费用，正是这巨额的研发费用拉低了英特尔的盈利水平。我们可以肯定，英特尔的产品绝对在10年内也不会落伍。但是英特尔还是需要把30%的毛利润用于技术的研发。因为一旦它停止研发，其他同行业的公司就会迎头赶上，甚至超越英特尔的技术，这样英特尔就失去了它的竞争优势。

默克公司是世界制药企业的领先者，总部设于美国新泽西州，是一家享誉国际的制药企业。默克公司每年花在研发新药上的费用大约为毛利润的29%。而且由于不断研发新产品，就需要不断重新设计和升级其产品销售计划，以至于每年默克公司需要花费毛利润的49%在销售费用和一般管理费用上。这两者加起来就占毛利润的78%了。更糟糕的是，如果默克公司放弃研发新药物，当它的专利权过期时，它的竞争优势也就随之消失了。

和这些依靠专利或技术领先而获得竞争优势的企业相比，巴菲特更喜欢那些不需要经常进行产品研发的企业。穆迪公司就是巴菲特喜欢的这种类型的企业。巴菲特一直长期持有该公司股票。穆迪公司是一家债券评级公司，它的销售费用及一般管理费用很低，只占毛利润的25%，而且它没有研发费用。这就是巴菲特心动的理由。

没有负债的才是真正的好企业

"好公司是不需要借钱的。"虽然我们不能绝对地从一个公司的负债率来判定公司的好坏，但如果一个公司能够在极低的负债率下还拥有比较亮眼的成绩，那么这个公司是值得我们好好考虑的。

1987年巴菲特在致股东的信里写道："《财富》杂志里列出的500强企业都有一个共同点：它们运用的财务杠杆非常小，这和他们雄厚的支付能力相比显得非常微不足道。这充分证明了我的观点：

一家真正好的公司是不需要借钱的。而且在这些优秀企业中，除了有少数几家是高科技公司和制药公司外，大多数公司的产业都非常普通，目前它们销售的产品和10年前并无两样。"

巴菲特认为，一家优秀的企业必然能够产生持续充沛的自由现金流。企业靠这些自由现金流就应该能够维持企业运营。一家优秀的企业是不需要负债的。巴菲特觉得，投资者在选择投资目标时，一定要选择那些负债率低的公司。公司负债率越高，投资风险就越大。另外，投资者也要尽量选择那些业务简单的公司。像上文提到的那些优秀企业中，大多数都还在销售着10年前的产品。

在巴菲特看来，能够每年创造高额利润的上市企业，其经营方式大多与10年前没什么差别。巴菲特投资或收购的公司大多都是这种类型的。伯克希尔公司旗下的子公司每年都在创造着优异的业绩，可是都从事着非常普通的业务。为什么普通的业务都能够做得如此成功？巴菲特认为，这些子公司优秀的管理层把普通的业务做得不再普通。他们总是想方设法保护企业本身的价值，通过一系列措施来巩固原有的优势。他们总是努力控制不必要的成本，在原有产品的基础上不断尝试研发新产品来迎合更多的顾客的需求。正因为他们充分利用现有产业的地位或者致力于在某个品牌上努力，所以他们创造了高额利润，产生了源源不断的自由现金流，具有极低的负债率。

1987年伯克希尔公司本公司在1987年的净值增加了46 400万美元，较前一年增加了19.5%。而水牛城报纸、费区海默西服、寇比吸尘器、内布拉斯加家具、史考特飞兹集团、时思糖果公司与世界百科全书公司这七家公司在1987年的税前利润高达18 000万美元。如果单独看这个利润，你会觉得没有什么了不起。但是如果你知道它们是利用多少资金就达到这么好的业绩时，你就会对它们佩服得五体投地了。这七家公司的负债比例都非常的低。1986年的利息费用一共只有200万美元，所以合计税前获利17 800万美元。若把这七家公司视作是一个公司，则税后净利润约为1亿美元。股东权益投资报酬率将高达57%。这是一个非常令人惊艳的成绩。即使在那些财务杠杆很高的公司，你也找不到这么高的股东权益投资报酬率。在全美五百大制造业与五百大服务业中，只有六家公司过去十年的股东权益报酬率超过30%，最高的一家也不过只有40.2%。正是由于这些公司极低的负债率，才使得他们的业绩如此诱人。

现金和现金等价物是公司的安全保障

巴菲特认为，自由现金流是否充沛，是衡量一家企业是否属于"伟大"的主要标志之一。而这个观点是他在对自己的经验教训进行总结的基础上得到的。在他看来，自由现金流比成长性更重要。

巴菲特在伯克希尔公司2007年致股东的一封信中说："伯克

希尔公司所寻找的投资项目，就是那些在稳定行业中具有长期竞争优势的企业。如果这些企业具有迅速成长性当然更好，可是如果没有这种成长性，只要能产生自由可观的现金流，也是非常值得的。因为伯克希尔公司可以把从中获得的自由现金流重新投入到其他领域。"

巴菲特认为，投资者购买的股票其自由现金流要持续充沛，这是考察该股票是否值得投资的很重要的一个方面。一家真正伟大的企业，自由现金流必须充沛是其前提条件之一。

现金是可由企业任意支配使用的纸币、硬币。现金在资产负债表中并入货币资金，列作流动资产，但具有专门用途的现金只能作为基金或投资项目列为非流动资产。现金等价物是指企业持有的期限短、流动性强、易于变化为已知金额的现金、价值变动风险很小的投资。一般是指从购买之日起，3个月到期的债券投资。现金等价物是指短期且具高度流动性之短期投资，变现容易且交易成本低，因此可一同视为现金。

如果一个上市公司在短期内面临经营问题时，一些短视的投资者会因此抛售公司股票，从而压低股价。但巴菲特不会这么做，他通常会去查看公司囤积的现金或有价证券总额，由此来判断这家公司是否具有足够的财务实力去解决当前的经营困境。

如果一家公司持有大量现金和有价证券，并且几乎没有什么债务的话，那么这家公司会很顺利度过这段艰难时期。而一旦现金短缺或者没什么现金等价物的话，即使公司经理人再有能耐，也不可能挽回公司倒闭的局面。由此可见，现金和现金等价物是一个公司最安全的保障。

从2008年的国际金融危机来看，那些拥有大规模现金的公司在金融危机中可采取的应对策略也更灵活一些。一家咨询公司的高级战略分析师说道，如果一家公司拥有足够的资金，那么这家公司在当前的市场环境中将占有极大的有利位置。当前，许多优质资产的价格已经跌到了谷底，更为重要的是，这些公司都有意接受来自投资者的报价。

对公司而言，通常有三种途径可以产生大量现金。首先，它可以向公众发行出售新的债券或者股票，所融得的资金在使用之前会形成大量的库存金；其次，公司也可以通过出售部分现有业务或其他资产，出售获得的资金在公司发现；最后，公司一直保持着运营收益的现金流入大于运营成本的现金流出，也会产生一部分现金收入。如果一家公司能通过这三种方式持续地运营带来大量的现金积累，就会引起巴菲特的注意，因为这类公司往往具有持续性竞争优势。

巴菲特眼里的优秀公司原型就是伯克希尔公司旗下的国际飞安公司（FSI）。伯克希尔公司1996年收购该公司时，它的税前利润还只有1.11亿美元，固定资产净投资5.7亿美元。而在伯克希尔公司收购该公司后的10年间，该公司资产折旧9.23亿美元，资本投入16.35亿美元，其中绝大部分都是用来配套那些飞行模拟器的。2007年该公司税前利润为2.7亿美元，比1996年增加了1.59亿美元，不过与时思糖果公司相比还是逊色多了。

巴菲特眼里的糟糕公司，是那种成长速度很快，可是却需要大量资本投入才能维持其原有发展速度、利润很少甚至根本就不赚钱的企业。美国航空公司就具有这种公司的典型性，从第一架飞机诞生的时候开始，就决定了航空公司需要源源不断地投入资金，有时候根本就不创造利润。

债务比率过高意味着高风险

负债经营对于企业来说犹如"带刺的玫瑰"。如果玫瑰上有非常多的刺，你怎么能够确信自己就能小心地不被刺扎到呢？最好的方法就是，尽量选择没有刺或者非常少刺的企业，这样我们的胜算才会大一些。

巴菲特认为，一个好的企业并不需要很高的负债率。如果一个企业拥有很高的负债率，企业面临的风险就比较大，就像一辆不安全的车驶过一条坑坑洼洼的路一样，处处充满了危机。投资者在购买股票时一定要尽量避开负债率很高的企业。

很多人信奉现在的负债经营理论。他们认为，负债经营不但可以有效地降低企业的加权平均资金成本，还可以通过财务杠杆，为企业带来更高的权益资本的收益率。但巴菲特认为，负债经营并不是很稳妥的经营方式。巴菲特认为，只要是好公司或是好的投资决策，即使不靠财务杠杆，最后也一定能够得到令人满意的结果。如果为了一点额外的报酬，就将企业机密信息暴露在不必要的风险下是非常愚蠢的。

坦帕湾地方电视台的购并案就是一个负债过高的典型案例。由于举债过高，坦帕湾地方电视台一年所需要支付的利息甚至超过它全年的营业收入。换句话说，即便该电视台没有任何人工、设备、服务等成本费用，这家电视台一年下来依然是亏损的。如此下来，坦帕湾地方电视台似乎也就只有破产一条路可走了。

1997年八佰伴国际集团宣布破产。闻名于日本乃至世界的八佰伴集团发展历史曲折艰辛，充满传奇，它的创始人阿信之子——和田一夫，使八佰伴从一个乡村菜店开始，一步步发展为日本零售业的巨头。在全盛期，八佰伴拥有员工近3万人，在世界上16个国家和

在一家度日艰难
的公司，一个问题还未
解决，另一个又冒了出
来——厨房里不会只有
一只蟑螂。

——股神巴菲特

地区拥有450家超市和百货店，年销售额达5000多亿日元。八佰伴破
产，正值亚洲国家和地区受金融风暴冲击，经济向下调整时期，虽
然有种种外部不利因素导致八佰伴经营的失败。然而主要的原因却
是八佰伴扩张速度过快，负债过高。据香港八佰伴的年报资料，在
1988年八佰伴应付贸易欠账只有300多万元，不足1%的营业额。但到
1997年，八佰伴拖欠的应付贸易账，已增至近5.5亿港元，相当于营
业额的13.5%，总负债更高达10.24亿港元。最终八佰伴不堪重负，无
奈以破产结尾。

负债率依行业的不同而不同

不同行业的企业负债率是不同的。即使在同一个行业里，不同
时期的负债率也会有所不同。在观察一个企业的负债率的时候，一
定要拿它和同时期同行业的其他企业的负债率进行比较，这才是比
较合理的。

巴菲特在1990年的信里说："现金就是现金，不论它是靠经
营媒体得来的，还是靠钢铁工厂得来的，都没有什么两样。但在过

去，同样是1元的利润，我们大家都会看重媒体事业，因为我们觉得不需要股东再投入资金媒体事业就会继续成长，而钢铁业就不行。不过现在大家对于媒体事业的看法也渐渐变为后者了。"

巴菲特认为，虽然好的企业负债率都比较低，但不能把不同行业的企业放在一起比较负债率。我们不能把媒体业和钢铁业放在一起来比较负债率。不同行业的负债率高低完全不一样。

在过去，投资者都认为电视、新闻、杂志等媒体行业是值得投资的好行业。因为在过去媒体行业一般不需要负债经营，它们能够完全不依靠外来资金投入就可以一直以每年6%的增长速度发展，而且也不需要很多运营资金。可是最近几年，媒体行业的发展开始慢慢发生变化，而且在未来的日子里会发生更剧烈的变化。

巴菲特认为，媒体企业账面上的利润其实就相当于企业的自有资金。如果企业能够每年都增加6%的现金流，我们以10%的折现率把这种现金流进行折现，那么100万美元的税后净利润就相当于一次性投入2 500万美元所得到的收益。但如果企业不能每年都增加6%的现金流，那么企业每年就必须保留一部分利润资金用于追加投入。显而易见，如果企业每年都可以提供6%的现金流增长率，企业不仅不需要负债，还有闲散资金可以支配；但是，如果企业无法稳定提供6%的现金流增长率，那么该企业为了补充流动资金，就必然要负债。由于行业周期性经济不景气，很多媒体行业的企业都陷入了负债的困境。不少企业因为前期负债率过高，导致实际盈利水平大幅度降低。甚至有的企业每年的营业收入还不足以偿还当年利息。

巴菲特在媒体行业有着很多投资。例如水牛城日报公司、华盛顿邮报公司、美国广播公司等都是伯克希尔公司旗下的子公司。虽然整个媒体行业利润下降不少，但由于美国广播公司和华盛顿邮报公司两家企业的负债率都很低，公司账面上的现金余额就足以偿还所有债务，所以它们轻松地渡过了行业经济危机。

在巴菲特看来，有些企业的经理人明知企业无法承担过重负荷，还一直借很多债，这是非常不负责任的行为。巴菲特从来不允许他旗下的那些子公司这样做。即使是"霹雳猫"保险业务的损失理赔上限金额很大，"霹雳猫"保险公司的负债率也是很低的。

自由现金流充沛的企业才是好企业

向巴菲特学习，认真估算每一只股票每年的现金流入和流出状况。虽然这样比较保守，也无法做到非常精确，但只有这样做我们才能够找到真正适合投资的企业。

2000年巴菲特在致股东信里写道："扣除税负因素不考虑，我们评估股票和企业的方法并没有两样，从古到今，我们评估所有金融资产的方法就从来没有改变过。这个方法可以追溯到公元前600年的《伊索寓言》。在《伊索寓言》里，那不太完整但历久不衰的投资理念就是'两鸟在林不如一鸟在手'。如果进一步弄明白这个理念，就有三个问题需要作答：树林里有多少只鸟？这些鸟什么时候会出现？捕捉一只鸟的成本是多少？如果你能够考虑清楚以上三个问题，那么你就可以知道这个树林最高的价值是多少，以及你可以拥有多少只鸟。当然了，这里的鸟只是比喻，真正实际的标的是金钱。"

巴菲特认为，一个企业是否值得投资，要分析该企业的自由现金流是否持续充沛。上市公司就好比"树林"，自由现金流就好比"树林里的小鸟"。而投资者的目标就是以最少的成本在树林里捉到尽可能多的小鸟。只有当你了解树林里一共有多少只小鸟，你才能了解该股票具有多大的投资价值；只有当你了解树林里的小鸟有几只会出现在你面前，什么时候会出现在你面前，你才能了解你能获得多大的投资报酬。除此之外，你还需要考虑你的捕鸟成本。如果你用很高的成本捕捉到了这些小鸟，那么这样的"捕鸟"行为依然是不值得的。其实也就是说，你要把你的投资成本和国债报酬率进行对比，只有当你的投资回报率超过了国债报酬率，你才值得投资该企业。当然了，自由现金流这一投资理念不仅仅适合于股票投资，同样适合于农业、油田、彩票、企业投资等方面。

在巴菲特看来，很多股票分析员喜欢用所谓的技术指标来分析股票是否值得投资，例如股利报酬率、成长率、本金收益比等，这样的分析是没有道理的。巴菲特认为，除非这些指标能够为计算企业未来的现金流入流出提供一些线索，否则这些技术指标没有任何意义，甚至还会误导投资者。巴菲特认为，只有自由现金流是投资者能够真真实实拥有的东西。

虽然现在股票市场上很流行投机主义，很多人只关心会不会

两鸟在林，不如一鸟在手。
—— 股神巴菲特

有别人以更高价格把股票从自己手上买走，但这不是他喜欢做的事情。巴菲特觉得就像如果树林里没有鸟，你捕不到鸟一样，如果企业根本不产生自由现金流，投资者怎么能奢求从中获利呢？获利的只可能是那些利用市场泡沫创造出来的泡沫公司而已。只有企业拥有充沛的自由现金流，投资者才能从投资中获得回报。

有雄厚现金实力的企业会越来越好

在选择投资企业时，我们要充分考虑企业的自由现金流是否充沛。另外，作为普通投资者，我们也应该尽量保持手中拥有比较充沛的现金。这样不仅可以让我们的生活安稳一些，也可以避免我们碰到合适的投资机会却没有钱进行投资。

1996年巴菲特在致股东信里写道："在'霹雳猫'保险业务中，我们主要有三个竞争优势。首先向我们投保再保险的客户都相信我们的能力。他们知道即使在最糟糕的情况下我们也会履约付款。他们知道如果真的发生什么大灾难，也许金融危机就会接踵而来。到那时可能连一些原本享有盛誉的再保险公司也拿不出钱来。而我们之所以从来不把风险再转嫁出去，因为我们对灾难发生时其他再保险公司的支付能力持保留态度。"

巴菲特之所以对其他再保险公司支付能力持保留态度，是因为巴菲特觉得其他再保险公司的自有资金流都远远比不上伯克希尔公司。巴菲特认为，投资者购买的股票其自由现金流是否持续充沛，这是考察该公司是否值得投资的最重要的一方面。企业只有拥有充沛的自由现金流，才可以在该领域更好地施展。

一直以来，巴菲特对保险业都保持着浓厚的兴趣。在巴菲特看来，保险公司可以产生充沛的自由现金流。保险客户支付保费，提供了庞大的经常性的流动现金，保险公司可以把这些现金再加以投资。巴菲特认为，投资保险业，一来可以获得稳健经营的保险公司，二来可以获得投资所需的丰厚资金。

但巴菲特也深刻明白，投资保险业务，拥有充沛的自由现金流是非常重要的。自由现金流持续充沛的上市公司必然具备强大的财务实力，而这种财务实力反过来又会促使该企业承接到实力较小的同行所无法企及的业务，显示出强者更强的"马太效应"来。正因为伯克希尔公司拥有强大无比的自由现金流，接下了许多别人不敢接的大订单，例如一些超大型特殊风险，通常是其他再保险公司无法承担的灾难性风险，如加州大地震，以及其他一些非常特别的保单，使伯克希尔公司成为美国最大的再保险公司。

2003年百事可乐公司举办过一次中奖活动，活动的每位参加者都有机会获得10亿美元的大奖。10亿美元可不是一笔小数目，于是百事可乐公司就想到了找一家保险公司来分散这种风险，而他们最先想到的就是伯克希尔公司。伯克希尔公司独立承担了这次中奖活动的所有风险。2003年9月14日中奖活动正式举行，令伯克希尔公司感到幸运的是10亿美元大奖并未被抽走。如果某位幸运顾客真的抽到了10亿美元大奖，即便是分期付款，伯克希尔公司也要马上掏出数亿美元。放眼望去，能够马上拿出数亿美元现金的公司真没有几家。

巴菲特曾经说过，伯克希尔公司在保险方面的最大优势就是，公司拥有雄厚的现金实力作保证，几乎可以将所有风险独自承担下来，而不像大多数再保险公司，很多风险都还要与其他再保险公司共同承担。这样风险自然小了，但与之相应的是利润也降低了。

自由现金流代表着真金白银

投资者在选择企业时要注意：如果一个企业能够不依靠不断的资金投入和外债支援，光靠运营过程中产生的自由现金流就可以维持现有的发展水平，那么这是一个值得投资的好企业，千万不要错过。

巴菲特用他2.3亿美元的现金流购买了斯科夫·费策公司，在15年时间里就赚取了10.3亿美元的利润。而这10.3亿美元的现金流，又被巴菲特投资到其他企业赚取了几十亿美元的利润。这也许就是为什么巴菲特会坚持认为自由现金流是真金白银的原因吧。

在巴菲特眼里，真正值得投资的好企业就是这样。在企业运转的过程中，企业自身就可以产生充沛的自由现金流，不用靠投资者后续投入，也不用靠企业负债经营，就可以实现稳定发展，甚至推动经营业绩和自由现金流的增长。

很多人经常预测分析宏观经济形势，根据国家政策和经济形势的变化来选择投资的股票。但巴菲特认为，拥有充沛的现金流是他选择企业考虑的重要因素。宏观经济形势并不太影响他做出投资的决定。

巴菲特购买时思糖果就是一个典型的例子。1972年当伯克希尔

只有手上握有足够的现金，当危机到来时才能有效应对。

——股神巴菲特

公司准备购买时思糖果公司的时候，巴菲特就听闻政府要对糖果实施价格管制，但他依然没有改变自己的决定。果不其然，当他购买后不久政府就实施了价格管制。可是巴菲特一点都不后悔。如今回头来看，如果当初伯克希尔公司因为政府实行价格管制而放弃时思糖果公司，那么一个绝好的投资机会就会与他擦肩而过。毕竟当初巴菲特以2 500万美元购买的时思糖果公司，现在每年的税前利润高达6 000万美元。

1987年，巴菲特在给股东的信中提到：伯克希尔公司投资的7个主要的非金融行业企业，获得高达1.8亿美元的税前收入。就算扣除了所得税和利息，也还有1亿美元的净利润。这些企业的股东权益投资报酬率平均高达57%，远高于账面价值增长率。之所以会出现这样的情形，巴菲特认为这与企业能够产生源源不断的自由现金流是密切相关的。

再比如巴菲特罕见的一次高科技投资案例，看重的也是其充沛的自由现金流。1999年当巴菲特买入TCA电信时，巴菲特觉得其价格已经不太具有诱惑性，但TCA电信每年 1 亿美元以上的自由现金流成功地吸引了巴菲特的目光。当然对于巴菲特来说，这依然是一次成功的投资。2005年COX电信巨资收购了TCA电信，巴菲特大赚一笔后成功退出。

伟大的公司必须现金流充沛

自由现金流非常重要。在选择投资对象的时候，我们不要被成长率、增长率等数据迷惑，只有充裕的自由现金流才能给予我们投资者真正想要的回报。这是巴菲特用惨痛的教训告诉我们的，我们一定要铭记于心。

巴菲特在2007年致股东信里说："伯克希尔公司一直在努力寻

找能够在特定行业中具有长期竞争优势的企业。如果这些企业具有成长性我们自然非常高兴。不过如果没有成长性也没有关系，只要企业能产生源源不断的自由现金流，我们也愿意投资。因为伯克希尔公司可以把从这些企业获得的自由现金流重新投入到其他企业再赚取利润。"

巴菲特认为，现金流就好像企业的血液，那些依靠不断输血的企业必然活不长久，只有血液旺盛的企业才能够活得更久。真正伟大的业务不仅仅能够从有形资产中获得巨大回报，而且不需要依靠后续的投入就能够维持业务的正常运转。因此具有充沛的自由现金流是一家真正伟大的企业必备条件之一。这样企业就可以把获得的利润重新投资赚取更多的利润。

伯克希尔公司就是一个很好的例子。伯克希尔公司的股价之所以能够全球第一，这与伯克希尔公司始终拥有相当比例的现金是分不开的。因为伯克希尔公司具有充沛的自由现金流，所以伯克希尔公司可以在股市低迷时抄底股市，获得更好的投资良机和更高的投资回报率。而伯克希尔公司充沛的现金来源于它控股或者投资的几十家企业。

发掘高成长性股：
市场短期看是投票机，长期看是称重机

（金律七）

盈利才是硬道理

上市公司当期盈利质量的高低水平与公司经济价值的变动方向不一定是正相关的关系。公司当期的盈利质量可能比较高，但它的经济价值却正在下降；相反，公司当期的盈利质量可能比较低，但它的经济价值却正在上升。提前发现上市公司盈利质量的变化，对于控制投资风险是至关重要的。

巴菲特说："我想买入企业的标准之一是有持续稳定的盈利能力。"

公司盈利能力最终体现为股东创造的价值，而股东价值的增长最终体现在股票市值的增长。巴菲特在分析盈利能力时，是以长期投资的眼光来作为分析基础的，他强调说："我所看重的是公司的盈利能力，这种盈利能力是我所了解并认为可以保持的。"

巴菲特所选择的公司，它的产品盈利能力在所有上市公司中并不是最高的，但是，它们的产品盈利能力往往是所处行业的竞争对手们可望而不可即的。

巴菲特并不太看重一年的业绩高低，而更关心四五年的长期平

均业绩高低，他认为这些长期平均业绩指标更加真实地反映了公司真正的盈利能力。因为，公司盈利并不是像行星围绕太阳运行的时间那样是一成不变的，而是总在不断波动的。

在盈利能力分析中，巴菲特主要关注以下三个方面：

1. 公司产品盈利能力。巴菲特主要分析公司产品销售利润率明显高于同行业竞争对手，简单地说，就是公司的产品比竞争对手的更赚钱。

2. 公司权益资本盈利能力。巴菲特主要分析公司用股东投入的每1美元资本赚了多少净利润，即我们经常说的净资产收益率，巴菲特非常关注公司为股东赚钱的能力是否比竞争对手更高。

3. 公司留存收益盈利能力。这是管理层利用未向股东分配的利润进行投资的回报，代表了管理层运用新增资本实现价值增长的能力。对每1美元的留存收益，公司应该转化成至少1美元的股票市

我所看重的是公司的盈利能力，这种盈利能力是我所了解并认为可以保持的。

—— 股神巴菲特

值增长，才能让股东从股市上赚到与未分配利润相当的钱。

公司产品的盈利能力主要体现在公司的销售利润率上。如果管理者无法把销售收入变成销售利润，那么企业生产的产品就没有创造任何价值。

由于巴菲特所投资的公司是那些业务长期稳定的公司，所以这些公司利润率的高低在很大程度上取决于公司的成本管理。巴菲特多年的投资经验表明，成本管理存在"马太效应"，高成本运营的管理者趋向于不断寻找办法增加成本，而低成本经营的管理者却总在寻找办法降低成本。

巴菲特认为，衡量一家公司盈利能力的最佳指标是股东收益率。高水平的权益投资收益率必然会导致公司股东权益的高速增长，相应地导致公司内在价值及股价的稳定增长。长期投资于具有高水平权益投资收益率的优秀公司，正是巴菲特获得巨大投资成功的重要秘诀之一。

选择能持续获利的股票

投资者需要注意的是，只要中国经济和股市的未来看好，你就应该坚持长期投资的策略。作为一种中长期投资理财方式，投资者真正需要关注的是股票长期的增长趋势和业绩表现的稳定性，而应对这种特点的操作方式就是长期持有。表现优秀的公司，在各种市场环境下都能保持长期而稳定的获利能力，好业绩是判断一家公司优劣的重要标准。

巴菲特说："我们喜欢购买企业，我们不喜欢出售，我们希望与企业终生相伴。"

并不是所有买入的股票都要长期持有，具有持续获利能力的股票才值得长期持有。巴菲特判断持有还是卖出的唯一标准是公司具有持续获利能力，而不是其价格上涨或者下跌。

巴菲特曾说："投资股票很简单。你所需要做的，就是以低于其内在价值的价格买入一家大企业的股票，同时确信这家企业拥有最正直和最能干的管理层。然后，你永远持有这些股票就可以了。"

既然是否长期持有股票由持续获利能力决定，那么衡量公司持续获利能力的主要指标是什么呢？

巴菲特认为最佳指标是透明盈利。透明盈利由以下几部分组成：报告营业利润，加上主要被投资公司的留存收益（按一般公认会计原则这部分未反映在我们公司利润里面），然后扣除这些留存收益分配给我们时本应该缴纳的税款。

为计算透明盈利，投资人应该确定投资组合中每只股票相应的可分配收益，然后进行加总。每个投资人的目标，应该是要建立一个投资组合（类似于一家投资公司），这个组合在从现在开始的10年左右将为他带来最高的预计透明盈利。

作为一名投资者，你的目标应当仅仅是以理性的价格买入你很容易就能够了解其业务的一家公司的部分股权，而且你可以确定在从现在开始的5年、10年、20年内，这家公司的收益肯定可以大幅度增长。在相当长的时间里，你会发现只有少数几家公司符合这些标准，所以一旦你看到一家符合以上标准的公司，你就应当买进相当数量的股票。你还必须忍受那些使你偏离以上投资原则的诱惑：如果你不愿意拥有一只股票10年，那就不要考虑拥有它10分钟。把那些获利能力会在未来几年中不断增长的公司股票聚集成一个投资组合，那么，这个组合的市场价值也将会不断增加。

也许有人会问：那我们又如何能发现股票的获利能力呢？巴菲特认为，如果持股时间足够长，公司价值一定会在股价上得到反映。我们的研究也发现，持股时间越长，其与公司价值发生的关联度就越高：

（1）当股票持有 3 年，其相关性区间为 0.131 ～ 0.360（相关性 0.360 表示股票价格的变动有 36% 是受公司盈余变动的影响）。

（2）当股票持有 5 年，相关性区间上移至 0.574 ～ 0.599。

（3）当股票持有 10 年，相关性区间上升至 0.593 ～ 0.695。

这些数字反映了一个相当有意义的正相关关系，其结果也在很大程度上支持了巴菲特的观点，即一家公司的股票价格在持有一段足够长的时间后，一定会反映公司基本面的状况。但巴菲特同时指出，一家公司的获利和股价表现的相互影响过程通常不是很均衡，也无法充分预期。也就是说，虽然获利与股价在一段时间里会有较强的相关性，但股票价格何时反映基本面的时机却难以精确掌握。巴菲特表示："就算市场价格在一段时间内都能随时反映企业价值，但仍有可能在其中的任何一年产生大幅度的波动。"

选择安全的股票

1985 年巴菲特在致股东信里写道："或许你会认为法人的机构、拥有高薪的职员和经验丰富的专业人员会成为金融市场稳定与理性的力量，那你就大错特错了，那些法人持股比重较大且持续受关注的股票，其股价通常都不合理。"

投资者在进行长线择股时，应选择安全性的股票，这类股票即使股价跌了也无妨，只要耐心等待，股价一定会再上涨的。

巴菲特在进行任何一种投资时，寻找那些他相信从现在开始的 10 年或 20 年的时间里肯定拥有巨大竞争力的企业。至于那些迅速变迁的产业，尽管可能会提供巨大的成功机会，但是，他排除了寻找的确定性。

股票投资是一种风险较大的投资，其风险的存在让你不得不首先考虑投入资金的安全性。股票投资风险来源于企业、股票市场和购买力三个方面，投入资金的安全与否首先取决于企业的经营状况。

　　作为普通投资者，为了确保投资安全，你最好先从不同的角度全面地分析了解企业的情况，尽可能地选择这样一些企业进行投资：基础扎实，资金雄厚，有持久发展趋势；企业规模宏大，经营管理水平先进，产品专利性强，商标知名度高，有较强的生产能力和市场竞争优势；企业资产分配合理，流动资金与流动负债保持合理的比率；盈利率高，有丰富的原料来源和广泛的市场，或者其股票是国家重点发展和政府积极扶植的股票。

　　以下是投资者需要注意的选择安全股票的技巧：

　　（1）公司业绩每年增长 15% 左右，这是我们选择股票的第一要求，要达到这个要求其实并不困难。中国的 GDP 年增长率每年可以达到 9% ～ 10%，而国内很多行业的增长速度远远高于这一水平，例如奶制品行业每年可以增长 30%，商业零售业可以增长 20% 多。

　　（2）除了看上市公司的历史业绩，一家优秀的公司还应具备：

　　①优秀的管理层。管理层包括公司的治理结构、管理能力以及管理团队等内容。

　　②时间足够长的成长或景气周期。这也是我们判断一家公司成长空间有多大的重要因素。

　　③企业的核心竞争力。核心竞争优势体现在：一是技术；二是管理；三是品牌；四是营销；五是成本控制；六是其他一些因素。

　　④所处的行业需求稳定增长，而不是暴涨暴跌的行业。

　　⑤有良好的业绩和分红记录。

　　⑥估值相对较低。主要考虑公司的成长性是否突出、是否持续，成长预期是否合理。

（3）判断在中国具有投资价值的公司。首先，要与中国的宏观经济发展相呼应，在一个中短期内受益于"十一五"规划；其次，受益于人民币升值，其资本、人力、产品价值都会因此得到提升；再次，重大题材带来投资机会；最后，实质性资产重组。

（4）综合评估这几个方面，把同类型、同行业的公司加以仔细分析，货比三家，最后在一个合理的价位做出投资决策。

发掘高成长性的股票

在投资过程中，投资者要重视具有高成长性的股票。成长股并不是一成不变的，投资者要根据实际情况更换成长股。

1994年巴菲特在致股东信里写道："如果你拥有的是企业中的'天然钻石'，无论股票价格如何波动，无论波动的幅度多大，无论经济景气的循环如何上上下下，长期而言，这类优良企业的价值必定会继续以稳定的速度成长。"

巴菲特认为，投资者在选择股票投资时，一定要尽量发掘具有高成长性的股票。一般来说，高成长性的公司盈利迅速增长，扩张性极强。投资于这类股票往往可以将你的选股风险化为无形，保证投资者获得超额的利润。

美国的"成长投资理论之父"费舍特别崇尚成长股，在他的代表作《怎样选择成长股》中，费舍开宗明义地指出："投资者不论出于何种原因，通过什么方法，当他购买股票时，目标只有一个，寻找成长股。"按照他的解释，假如你用800万美元买下市场价值为1000万美元的公司股票，如果你以当时的市场价格出售，那么，你将获利丰厚。但是，如果公司的经营状况很差，并且你在10年后才出售，那么，你的收益可能在平均水平以下。他说："时间是优秀公司最好的朋友，是平庸公司的敌人。"除非你能帮助清算这个效益很差的公司并从公司的市场价值和购买价格的差价中获利，否则，你的收益将和这家业绩很差的公司一样悲惨。所以，投资者在选股时应研究上市公司的成长性，做到去伪存真，去粗取精，牢记成长是"金"。

一般来说，具有高成长性的企业，通常具有以下三个方面的特点：

1. 公司的产品或所提供的服务具有广阔的发展前景

任何一个行业都有一个从成长到衰退的过程，必须抓住当前正处于成长性的行业。进入21世纪，国内的生物工程、电子仪器以及有关高科技产业均属于成长性行业。政府的扶持会使某个行业和地域的企业快速成长。国家扶持企业的措施有多种，如各项税收、物价、银行信贷的优惠政策，赋予直接融资功能、优良资产的注入等。

2. 公司有值得投资的利润回报率

从投资者的立场来看，销售只有在增加利润时，才有投资价值。如果一个公司多年的销售增长没有带来相应的利润增长，那么该公司就不是最佳的投资对象。考察利润的第一步是分析测算公司的利润率。投资者可以测算每1元钱的销售能够实现多少经营利润。进行这样的测算，必须以连续多年的数据为基础，不能只考察一个年度。一般而言，那些多年来利润较高的公司其利润总额也较大，他们所在的行业总体上是业绩相当突出，呈现出繁荣景象。低成本运营的公司，在景气年头，利润率也有所增加，但幅度不是很大。

3. 企业在新基础上运营，原料市场和产品市场无重大变故

新项目运营的提前发现，可以使投资者及时发现企业的利润增长点，进而使股票投资在较短的时间内获得较大的收益。国内高科技新项目的投产使其利润大增就是明显的例子。原料市场的变化使轮胎得以降低单位产品原材料成本，经济效益大幅度提高。

而产品市场的变动给企业成长带来的推动作用更是不可低估。比如铜、铝、锌等资源性产品一旦在全球范围短缺，企业的利润就会直线上升。中国加入世界贸易组织会促进我国产业优势明显的纺织业、轻工业企业的发展，同时给金融、外贸、港口、仓储业带来难得的机遇。

成长股的盈利估计

投资者想要获得丰厚的回报，就应该对企业的盈利水平进行理性分析，不要把自己对这个行业的喜好或者厌恶夹杂在分析过程中。只有理性的评估，投资者才能得到企业真实的内在价值，才能够找到最佳的投资机会。

1995 年巴菲特在致股东信里写道："这实在是天价，不过它让我们可以 100% 拥有一家深具成长潜力的企业，且其竞争优势从 1951 年到现在一直都保持不变。"

巴菲特认为，投资者在购买股票时，一定要对企业的盈利水平进行评估。只有正确评估企业未来的盈利水平，才能够确定股票的内在价值是多少。只有了解股票的内在价值，投资者才可以确定在

巴菲特做的都是长期投资，所以短期股价波动对他根本没有影响，巴菲特相信自己比"市场先生"更有能力评估一家企业的价值。巴菲特认为如果你做不到这一点，你就没有资格玩这个游戏。

什么时候购买股票才是划算的。

公司股票的内在价值实质上就是公司未来 5 年或者 10 年内的利润通过一定的利率折现后得到的数额。虽然说起来很简单，但实际操作起来非常困难。因为公司的盈利水平通常会受到很多因素的影响，所以几乎没有人可以准确预测出公司未来 5 年或者 10 年的盈利水平。巴菲特认为，正因为未来充满无限不确定性，为了降低投资的风险，投资者最好选择那些具有稳定性发展的公司。

巴菲特认为，在评估公司的内在价值时，稳定性是一个非常重要的因素。如果一家公司的历史经营业绩很不稳定，那么它未来的发展也可能会很不稳定。如果公司未来的经营业绩不稳定，那么投资的风险就会很高，它的价值就不如目前可预测到的盈利那么高。巴菲特在选择投资公司时，通常会选择那些具有稳定性发展的公司，像美国运通公司、华盛顿邮报、吉列、可口可乐等。这些公司在其发展的历程中大多数年头里都表现出了非常稳定的盈利增长，巴菲特可以对它们的未来做出迅速合理的预测，所以巴菲特才选择投资这些公司。事实证明，巴菲特的投资眼光是没错的。在巴菲特的投资生涯中，这些具有稳定性发展的公司为巴菲特赚取了丰厚的利润。

有些股票分析家认为，高科技产业是一种创新，应该被给予较高的待遇。但巴菲特认为，人们对行业的期待没有任何价值。无论是什么产业，评估的标准都应该是统一的。所有的资产都应当被同样地估价，从饮料制造商到手机生产商，在评估时都应该被统一对待。无论什么产业最终都只有通过把销售转化为盈利以及盈利增长率来判断。高科技产业也是同样，所有企业的内在价值都应该取决于企业未来预期收益的折现值，而不应该根据人们对行业的期待来高估或低估企业的价值。

巴菲特认为，股票的安全边际是非常重要的。因为投资者投资的目标就是通过低于内在价值的价格购买股票从中获利，所以投资者一定要认真分析股票的安全边际。此外，一旦发现了一家符合标准的公司，投资者就应当购买尽可能多的股票，然后长期持有，慢慢等待丰厚的回报。当然在这期间，你要有足够的定力，抵制外界一切使你背离原则的诱惑。

成长性企业的相似性

投资者要投资公司必然选择优秀的公司，这毋庸置疑。但是优秀的标准是什么，很多人都持有不同的观点。在巴菲特看来，优秀的公司都是相似的。

具有持续竞争优势和优秀的管理层。不管哪一个公司，只要具备这两点优势，投资者就可以进行投资。一般来说，投资的风险很小，而且投资的回报率很高。

巴菲特在1994年致股东信里写道："我们的投资组合持续保持集中、简单的风格，真正重要的投资概念通常可以用简单的话语来做说明，我们偏爱具有持续竞争优势并且由才能兼备、以股东利益为导向的经理人所经营的优秀企业。只要它们确实拥有这些特质，而且我们也能够以合理的价格买进，那么投资出错的概率可说是微乎其微。"

巴菲特认为，一家公司想要具有良好的发展前景，就一定要具有持续的竞争优势。而这持续的竞争优势，主要体现在顾客对产品的满意度上。就像可口可乐公司，几十年里销售的产品几乎都一样，在可乐的行业中具有非常高的满意度。在巴菲特看来，如果一家公司经常改变自己的经营产业，那么这家公司很难具有持续的竞争优势。一方面，频繁地改变经营方向，就很容易在重大决策上失误。

一旦失误，就会给公司造成巨大的创伤。

另一方面，频繁地改变经营方向，公司就比其他先进入该行业的公司起步晚。如果想要超越同类型产品成为该行业主导，那么公司需要付出非比寻常的努力，而且努力了也不一定就会成功，因为其他同行也会努力避免被超越。例如成功的餐厅都有自己的特色，如便利的快餐店、优雅的西餐厅、特别的东方食物等。

这些特色可以吸引爱好该特色的潜在客户群，如果餐厅的服务、菜色和价格都非常好，顾客就会从心里认可这种特色，然后不断地登门用餐，甚至还会为餐厅免费宣传。但有的餐厅不明白这个道理，经常改变自己的特色，一会儿是法国美食、一会儿又是四川菜馆，最终会竹篮打水一场空，既失去了原有的老顾客，也没有招揽到新顾客，很快就在餐饮业中跌得粉身碎骨。

企业正常盈利水平

巴菲特在 1999 年致股东的信中写道："在我们看来，企业的盈利水平，和一个国家的国内生产总值（GDP）的增长率有一些关联。据我们估计，目前 GDP 的年增长率大约为 3%，另外还有预计 2% 的通货膨胀率。虽然我和查理无法保证这 2% 是否确切，但这是市场上大多数人都认可的。"

企业的盈利水平决定于企业的经营状况。比较有趣的现象是，企业的正常盈利水平和 GDP 有一些关联。通常来说，企业的正常盈利水平和 GDP 的增长率是相应的。如果 GDP 增长，企业的平均盈利水平也会增长，而且增长的幅度和 GDP 的幅度比较接近。

我们从中国的 GDP 和中国世界 500 强企业的数量就能发现GDP 和企业发展的关系。

1990 年，中国 GDP 为 4 100 亿美元，位居世界第 11 位；1998

市场可能会在一段时间内忽视公司的成功，但最终一定会用股价加以肯定。正如格雷厄姆所说：短期内市场是一台投票机；但在长期内它是一台称重机。

年，中国 GDP 为 9 100 亿美元，位居世界第 7 位；2006 年，中国 GDP 为 27 500 亿美元，位列世界第 4 位；2007 年中国 GDP 为 30 100 亿美元，位居世界第 4 位；2008 年中国 GDP 为 42 220 亿美元，位居世界第 3 位。

中国企业在世界 500 强中的变化是这样的：1989 年，中国银行登上世界 500 强企业排行榜，这是中国产生的第一家世界 500 强企业。

1999 年增加到 8 家，2000 年增加到 9 家，2003 年增加到 11 家，2004 年增加到 16 家，2005 年增加到 18 家，2006 年增加到 23 家，2007 年增加到 30 家，2008 年增加到 35 家。从第 1 家到第 8 家中间经历了漫长的 10 年，平均每年增长 0.8 家；而从 8 家到第 35 家只用了 9 年，平均每年增长 3 家。而 2006 ~ 2007 年增长的幅度最大，也就体现出中国企业在近几年的发展比较迅猛。通过分析上面的数据，我们可以看到，中国世界 500 强企业的增长数量与中国 GDP 的增长刚好成正比。中国世界 500 强企业数量在世界的排位与 GDP 的排位也基本相当。当中国 GDP 跃居世界第三的时候，中国世界 500 强企业数量也达到了世界第三。

巴菲特认为，既然 GDP 和企业的正常盈利水平相关，那么投资者在考虑投资企业时，一定要记得先关注一下 GDP 的增长速度。1999 年，美国整个金融市场都在讨论高科技股。一些金融专家或者股票分析师认为，高科技是创新的产品。只要是新的东西，就一定有很广阔的发展前景，应该受到投资者的热捧，但巴菲特的态度截然相反。巴菲特认为，既然美国的整体经济水平并没有因为高科技产业的问世而突飞猛进，那么投资者就应该像对待其他行业一样对待高科技产业，不应该把个人对高科技的期待掺杂到投资评估的过程中。任何企业的股票都应该与其盈利水平相符。

抓准公司发展的潜力

对于投资人而言，能够为我们赚钱的，才是未来的成绩。所以，我们在识别企业时，应抓准公司发展的潜力。公司的发展潜力预示着公司未来的表现。巴菲特也曾说过，真正决定投资成败的，是公司未来的表现。试想，如果投资成败取决于过去和今日，那任何人都能投资致富，根本也不需要很强的分析能力，因为过去和今日的业绩都是公开的消息，人人都知道的。对于投资者来说，在寻找目标时，选择那些具有发展潜力的公司，无疑是为自己的投资上了一份保险。

巴菲特说："我们感兴趣的并非是股票类别本身，而是公司的潜在价值及其发展的前景。要根据一家公司的远景展望而进行相应的投资，我们需要的是有才能的投资基金委托人，而非利用财务杠杆收购牟利的股市赌徒。"

在巴菲特看来，从企业前景的角度来投资是一种原则，可以说，投资股市的实质就是投资企业的发展前景。

坚守这条原则，让别人的愚蠢行为成为你的经验，也就是说，别人由于恐惧和贪婪所犯的错误，会让你汲取教训，积累经验，投资那些从企业前景来看值得投资的股票。为了理解巴菲特从企业前景角度投资的观点，就必须理解巴菲特对于公司利润的独到见解。

他觉得公司利润与其在公司里的所有权成正比。因此，如果一个公司一股赚5美元，巴菲特拥有该公司的100股股票，那么他就认为他赚了500美元。

巴菲特相信公司面临两种选择：一是通过红利付出500美元；二是保留盈余进行再投资，从而提高公司的内在价值。巴菲特相信，通过一段时间，股票市场的价格会由于公司内在价值的提高而提高。

在巴菲特的世界里，普通股也具有债券的特征，可付利息就是公司的纯收益。他用公司每股股票的净盈利除以每股买价，计算出收益率。一只每股买价10美元，每年净盈利2美元的股票，其收益率为20%。当然，这种计算必须假定公司盈利的可预测性。在现实生活

在短期内，市场竞争的是人气；而在长期，市场考验的是实力。
——股神巴菲特

中，如果你想购买当地的一只股票，你必须清楚它每年能赚多少，它的卖价是多少。通常这两个数字，你只要简单相除就能计算出你对该项投资的报酬率。巴菲特不管是购买整个企业还是购买企业的一股股票，都是这样做的。

巴菲特还认为，行业的性质比管理人素质更重要。毕竟，人心莫测，管理人可以"变质"，但整体行业情形一般不会那么容易变相。

从巴菲特的投资构成来看，道路、桥梁、煤炭、电力等资源垄断性企业占了相当大的份额，因为这些行业的发展潜力很大。如巴菲特2004年上半年大量买进中国石油股票就是对这种投资战略的充分体现。

巴菲特所投资的公司，都是对准消费者市场的。有的是品牌产品公司，如可口可乐；有的是行销行业，如百货、珠宝、家具、保险等。比如全球最著名的吉利剃须刀公司，巴菲特认为消费者每十多天才需要换一次一两元的刀片，不可能会为了节省这一点点钱而将脸颊拿去冒险尝试其他牌子的。对于那些想要让小孩看电影的父母而言，他们不可能先亲自花费几十个小时的时间去观赏多部电影，然后才让孩子看其中几部的，现代人通常没有这个时间，迪士尼电影马上就成了家长所信赖的品牌。

中小型企业也值得拥有

对个人投资者来说，如果你细心留意，也许会发现一些流动性不大，但其内在价值大于目前价格的股票，如果发现了，就把握机会赶紧买进吧，或许这就是被像巴菲特这样的大型投资者所忽略的。

1998年巴菲特在佛罗里达大学商学院演讲时说："我们不在

乎企业的大小，是巨型、大型、小型，还是微型。企业的大小无所谓，真正重要的因素是，我们对企业、对生意懂多少，是否是我们看好的人在管理它们，产品的卖价是否具有竞争力。"

巴菲特认为，他可以投资的企业都具有相同的特性：在熟悉的能力范围内、具有良好的竞争力、拥有诚实和能干的管理层。在他看来，企业不分大小，只要符合他投资的标准，他都会投资。

在巴菲特的投资生涯中，也有很多成功的中小型公司收购案例。时思糖果店就是一个经典的例子。时思糖果店主要是出售自家配方制作的巧克力。1972年巴菲特以2 500万美元买下了时思糖果店。从1972年到1999年，这家装饰着独特的黑白格和玛丽赛标识的糖果店已经赢得了8.57亿美元的税前利润。1999年，时思粮果店的税前利润为7 300万美元，它的运营利润占到24%，创下了历史纪录。在巴菲特的家乡奥马哈市，有家全国最大的家庭用品商店——内布拉斯加家具店。1937年，B女士投资500美元创办了这家家具店，然后坚持"价格便宜，实话实说"的经营策略，生意蒸蒸日上。1983年，伯克希尔公司收购了该家具店80%的股票，其余20%留给B家族。虽然这个商店的营业面积仅仅只有20平方米，年销售额却高达1亿美元。

解读公司重要的财务分析指标

对于投资者而言，投资的首要任务就是要建立起自己的财务模型，你对所选的企业的财务状况必须要有自己的评估，自己建立的财务模型也必须健全而可持续发展。只有对企业财务状况有了清晰的认识，才能够抓住该企业的核心价值。对该企业的股价进行准确的评估并做出正确的判断。

巴菲特说："我喜欢的就是那种根本不需要怎么管理就能挣很

多钱的行业，它们才是我想投资的。"

投资者绝对不要投资财务报表让人看不懂的企业。一般说来，一个企业的财务状况可从以下几方面判断，从而决定该企业是否值得投资。

1.股东权益报酬率

股东权益报酬率是评价和衡量一家企业或公司管理获利能力的最重要指标。使用净利润对股东权益的比例来衡量和评价一家公司的经营业绩则十分有效，因为这一指标着重从股东利益出发来考评一家公司，同时又注重公司现有资本投入的效率，这样，就能排除立足于对公司的理想主义设想的评估，而十分客观地估计负债、借贷等资本投入所产生的利润。只有这样，才能实事求是地评价公司的现有状况，真正挑选出优秀公司。

总的来说，股东权益报酬率的重要性在于，它可以让我们预估企业把盈余再投资的成效。长期股东权益报酬率高的企业，不但可以提供高于一般股票或债券一倍的收益，也可以经由再投资，让你有机会得到源源不断的20%的报酬。最理想的企业能以这样的增值速度，长期把所有盈余都再投资，使你原本的投资以20%的复利增值。

评价一家公司是否优良和有发展潜力，能够在较长一段时期内给投资者以丰厚的回报，最值得肯定的做法就是立足于股东权益回报率，也就是立足于现有资本投入，这是最为现实有效的评价手段和途径。

2.股东收益

一般说来，公司年度财务报表上的每股收益只是判断企业内在价值的起点，而非终点。股东收益才是判断公司内在价值的最终指标。

所谓股东收益，即公司的税后利润加上折旧、摊提等非现金费用，然后减去资本性支出费用以及可能需要增加的公司运作的资金量。虽然股东收益并不能为价值分析提供所要求的精确值，因为未来资本性支出需要经常评估。虽然巴菲特认为，这个方法在数学上并不精确，原因很简单，计算未来现金支出经常需要严格的估算。但是，巴菲特引用凯恩斯的话说："我宁愿模糊地对，也不愿精确地错。"

1973年，巴菲特投资的可口可乐公司的"所有者收益"（净收入加折旧减资金成本）为1.52亿美元。到1980年，所有者收益达到了2.62亿美元，以8%的年复合利率增长。从1981年到1988年，所有者收益从2.62亿美元上升到了8.28亿美元，年平均复合利率为17.8%。

可口可乐公司所有者收益的增长反映在公司的股价上。如果我们以10年为期看一下，就会发现这一点特别明显。从1973年到1982年，可口可乐公司的总利润以6.3%的平均年率增长；从1983年到1992年，平均年率为31.1%。

从以上可以看出，现金流量根本无法反映公司的内在价值。相对于"每股税后盈余""现金流量"等财务指标，股东收益则对公司所发生的可能影响公司获利能力的所有经济事实进行了较为周密的考虑。

所以，我们在选择投资标的时，千万不要忽视了"股东收益"这一决定内在价值的指标。

3.寻求高利润率的公司

一般来说，能以低成本高利润运营的公司，利润率越高，股东的获利也就越高。所以，寻找高利润率的公司通常是投资者所向往的，一旦找到了高利润率公司就意味着找到了高额利润。也就是说，这种高利润率公司意味着股东权益报酬率高。

在生活中，假如你拥有一家公司，我们称之为A公司，该公司的总资产为1 000万美元，负债400万美元，那么股东权益为600万美元。假如公司税后盈余为180万美元，那么股东权益报酬率为30%，就是说600万美元的股东权益，获得30%的报酬率。

假设你拥有另一家公司，我们称它为B公司。假设B公司也有1 000万美元资产、400万美元负债，于是股东权益也和A公司一样为600万美元。假设B公司仅获利48万美元，因此权益报酬率为8%。

通过比较我们可以发现，A、B两家公司资本结构完全相同，但A公司的获利接近B公司的4倍，当然A公司比较看好，又假设A、B两公司的管理阶层都很称职，A公司的管理阶层善于创造30%的权益报酬率，B公司的管理阶层则善于创造8%的权益报酬率。你愿意对哪家公司进行追加投资？你很可能将B公司的股利投资于A公司。

公司有良好的基本面

基本面分析的功能不是预测市场，它的更大作用是告诉我们市场价格波动的原因，使我们更清楚地认识和了解市场，不至于因为对基本面情况的一无所知而对市场价格的涨跌感到迷茫和恐惧。

1993年巴菲特在致股东信里写道："我仍然忍不住想要引用1938年《财富》杂志的报道：'实在是很难再找到像可口可乐这样拥有这么大规模，而且能够保持持续10年不变的产品内容。'如今又过了55个年头了，可口可乐的产品线虽然变得更加广泛，但是令人印象深刻的是对它的形容依然如此。"

巴菲特对可口可乐总是赞不绝口，可以说他看重的就是可口可乐令人满意的基本面信息。

基本面分析是你买入任何股票之前必须做的一件事。通过分析确定该股的质量及其相对强势，也就是区分其优劣的过程。基本面是股票长期投资价值的唯一决定因素，每一个价值投资者选择股票

　　巴菲特认为，衡量上市公司是否值得投资的基本标准是持续稳定的盈利能力，赚钱才是硬道理。

前必须要做的就是透彻地分析企业的基本面。许多投资者没有系统的分析方法，甚至仅仅凭某一短暂的或局部的利好因素就做出买入决定。投资者很容易受一些感性因素的影响而做出错误的操作，如听信其他投资者的言论，或者生活中对某一消费品牌情有独钟，就买入其股票等。

巴菲特在股市的成功，依仗的是他对基本面的透彻分析，而非对"消息市"的巧妙利用。正是因为有巴菲特这样"老实本分"的投资者，正是因为市场对巴菲特理性投资行为的高额回报，使得美国的资本市场成为世界上最稳定、最成熟、最有活力的金融市场；作为经济"晴雨表"的美国资本市场的长期稳定、健康，反过来又对经济产生了良好的反馈作用，成为美国经济长期保持强势的根本保障。

基本面分析主要是对公司的收益、销售、股权回报、利润空间、资产负债、股市，以及公司的产品、管理、产业情况进行分析。基本面分析主要考察一只股票的质量和吸引力，从而识别一只股票是否具有投资价值。

那么，在基本面分析中最重要的是什么呢？公司的盈利能力是影响股价的最重要的因素，也就是说只买那些盈利和销售量在不断增加、利润率和净资产收益率都很高的公司的股票。每股收益（公司的总税后利润除以公开发行的普通股的股数）可作为公司的成长能力和盈利能力的指标。

巴菲特认为，表现最优秀的个股，3/4都是成长良好的公司，在股价大幅度上升之前其每股收益的年增长率平均达到或超过30%，而且连续三年都如此。因此，应全力关注连续三年的年收益增长率达到或超过30%的公司。

另外，在基本面分析中还有一些其他的因素。公司应当有其独

BA FEI TE DE CAI FU JIN LU | 177

特的新产品或新的服务项目，且其预期前景也令人鼓舞。你应当了解你所投资的公司在做些什么。这个公司应有大机构赏识并持有其股份，大多数情况这个公司还应属于某个先进的大企业集团。应当了解有多少优秀的共同基金、银行和其他机构投资者买入这只股，这也是你个人研究的基础。大机构通常要经过详细的基本面分析以后才会买入某只个股的大量股票。

许多投资者以基本面分析方法作为其长期买卖决策的基础。基本面分析法的基本投资法则是：如果一只股票的价格低于它的内在价值，买进这只股票；如果股票价格高于它的价值，就卖出这只股票。

也有些投资者通过基本面的分析来预测市场的未来，他们总是认为通过研究基本面的情况可以得出市场未来的方向。但巴菲特认为，这是一个根本性的错误。

业务能长期保持稳定

如果想找到长期领先于市场的好股票，一定要学习巴菲特，买入业务长期保持稳定的企业。巴菲特认为，公司业务不稳定，就难以在原有的业务上做大做强，无法建立强大的竞争优势。一家公司如果经常发生重大变化，就可能会因此经常遭受重大失误。推而广之，在一块总是动荡不安的经济土地上，是不太可能形成城堡一样坚不可摧的垄断经营权，而这样的垄断经营权正是企业持续取得超额利润的关键所在。

巴菲特说："研究我们过去对子公司和普通股的投资时，你会看到我们偏爱那些不太可能发生重大变化的公司和产业。我们这样选择的原因很简单：在进行子公司和普通股两者中的任何一种投资时，我们寻找那些我们相信从现在开始的10年或者20年的时间里实际上肯定拥有巨大竞争力的企业。至于那些环境迅速转变的产业，尽管可能会提供巨大的成功机会，但是它排除了我们寻找的确定性。"

巴菲特认为，投资者买股票就是要投资该公司。既然要投资这家上市公司，并且已经做好了长期投资的打算，那么在确定投资对象时就一定要选择未来10年、20年内业务长期保持稳定的公司，并且绝对具有巨大的竞争力。

在几十年的投资生涯中，巴菲特发现，经营盈利能力最好的企业，通常是那些现在的经营方式与5年前或者10年前几乎完全相同的企业。美国《财富》杂志的调查结果也验证了巴菲特的话。在1999年至2000年期间，《财富》杂志评出的世界500强企业中只有25家企业达到了这样的业绩：连续10年的平均股东权益回报率达到20%，并且没有一年的股东权益回报率低于15%。这25家企业在股票市场上也表现优异，其中有24家都超越了标准普尔500指数。令大家讶异的是，在这25家企业中，只有几家企业是高科技和制药业，其他企业都是从事着普通的业务，出售着普通的产品，而且它们现在出售的产品几乎和10年前的产品没什么两样。

他认为，虽然有人说企业发展要与时俱进，要根据宏观环境的改变迅速转变产业，可是，这种做法排除了他寻找长期投资对象的确定性。事实上，他经过长期观察和研究发现，如果上市公司经常发生重大变化，那么就很可能会因此造成重大损失，而这和他的长期投资理念是不相符的。正因如此，所以他经常说："我们偏爱那些不太可能发生重大变化的公司和产业。"

巴菲特深深知道，长期投资必须非常重视企业良好的发展前景，因为你购买该公司的股票就是因为看中了它的未来发展；如果该公司"没有未来"，为什么还要投资该公司的股票呢？这时候如果还要做长期投资，那是非常危险的。

不过显而易见的是，企业的长期发展取决于多种因素，很难正确判断。巴菲特说，要做到这一点，就非常有必要对该公司过去的长期发展进行考察。只有这样，才能确信该公司未来同样能长期保持稳定发展、未来的经营业绩也能保持相对稳定增长，继续为投资者创造价值。所以，巴菲特从根本上是不主张公司开拓新业务、形成新的经济增长点的，他更希望公司能够在原有基础上做大做强，尤其是不能丢了原有业务的长期竞争优势。

很有意思的是，符合他这种预期的上市公司，它们的经营业务都相对简单而且稳定，这正是他喜欢的投资类型。所以他说："我们努力固守于我们相信可以了解的公司，这意味着那些公司具有相对简单且稳定的特征。"

针对许多投资者喜欢投资那些濒临破产倒闭的公司，巴菲特认为这样的资产重组概念股确实有可能会咸鱼翻身，或者乌鸦变凤

寄希望于乌鸦变凤凰是不现实的，既然要投资股票，就要把眼睛盯在"凤凰"而不是"乌鸦"上。
——股神巴菲特

凰，可是根据他对几百只这类股票的研究，他认为这样的可能性很小很小，不值得投资者为之一搏。他通过长期观察后发现，甚至许多很有才干的管理人员在进入这样的"咸鱼"企业后，不但没有把它从水深火热的困境中解救出来，相反还毁坏了个人的好名声。

巴菲特通常拒绝投资下面几类公司的股票：

（1）正在解决某些难题；

（2）由于以前的计划不成功而准备改变经营方向。根据巴菲特的经验，那些多年来生产同样的产品、提供同样的服务的企业，往往有最好的投资回报。而那些正在转变经营业务的企业，则更有可能出现重大的经营失误。

巴菲特认为，从这个角度看，投资者寄希望于乌鸦变凤凰是不现实的；既然要投资股票，就要把眼睛盯在"凤凰"而不是"乌鸦"上。所以他从1982年起，每年都要在伯克希尔公司年报致股东的一封信中提到他对由亏转盈的"反转"公司不感兴趣，原因就在这里。

巴菲特认为："剧烈的变革和丰厚的投资回报是不相容的。"但大多数投资者却持相反的想法。最近，投资者争购那些在进行公司重组的公司股票。巴菲特认为，由于不可解释的原因，这些投资者对这类公司未来的收益寄予希望，却忽视了这类公司的现状和问题。

巴菲特始终认为，要想投资一家问题企业后一个一个地去解决这些问题，远远不如之前就远离这家问题企业来得轻松、简单。

选择有优秀治理结构的公司

巴菲特认为，管理层对提高股票内在价值的作用至关重要。投资者如果购买债券不怎么在意公司管理层的话，在投资股票时就非常有必要关注这一点。归根结底，公司管理层的能力和水平影响着该公司的长期竞争优势，从而决定着该公司未来内在价值的大小和发展方向。

巴菲特在2002年致股东的信里写道："提到管理模式，我个人的偶像是埃迪·贝内特的球童。在1919年，埃迪年仅19岁就开始了他在芝加哥白袜队的职业生涯，当年的白袜队打进了世界大赛；一年后埃迪跳槽到了布鲁克林·道奇队，道奇队赢得了世界大赛。之后，他又跳到了纽约扬基队，在1921年该队又赢得了史上第一个世界大赛冠军。从此，埃迪安顿下来，扬基队在接下来的7年间，五度赢得了美联的冠军。

"也许你会问，这跟管理模式又有何相干？其实很简单，就是要想成为一个赢家，就要与其他赢家一起共事。举个例子来说，在1927年，埃迪因为扬基赢得世界大赛，而分得了700美元的奖金，这笔钱相当于其他球童一整年的收入，埃迪知道他如何拎球棒并不重要，他能成为球场上最当红的明星拎球棒才是关键。我从埃迪身上学到了很多，所以在伯克希尔，我就经常为美国商业大联盟的超级强打者拎球棒。"

巴菲特在决定投资一家公司前，该公司的治理结构是要考虑的重要因素之一。从某种意义上说，公司治理结构是检验一个公司治理的核心。公司治理结构就是指投资者、管理团队之间的关系，它们各自都有不同的权利和义务。当这两者能够公开而又独立交流的时候，我们就说这个公司有一个良好的治理结构。

为了让投资者更好地理解如何检验一个上市公司是否有好的治理结构，我们可以来看看辉瑞公司的例子。

1992年，辉瑞公司首次任命一位副总裁专门负责公司的治理结构问题。除了一般的审计委员会、薪酬委员会和执行委员会外，它还设立了一个公司治理委员会，同时在公司的股东委托书里对公司治理规则进行了详细的说明。

根据辉瑞公司2001年的股东委托书，公司治理委员会的任务就是"根据董事会的适当规模和需要向董事会提出建议"。跟审计委员会和薪酬委员会一样，公司治理委员会完全由独立董事组成。

辉瑞的股东委托书还有另外一个优点，就是它是用清晰的、最简明的语言表述的。而大部分公司的股东委托书使用令人迷惑的法律措辞，这使许多股东在读完后摸不着头脑，但这却是它们中意的方式。

让我们来看一看辉瑞公司的董事会到底是怎样的。在2000年，辉瑞公司的董事会一共召开了12次会议，值得一提的是，这还是在辉瑞2000年收购了另外一家公司之后，有许多其他重要事务要讨论情况下的开会次数。在2000年，所有董事的会议出席率（包括整个董事会会议和各部门会议）达75%，这是董事会真正重视公司业务和股东利益的另一个标志。仅仅审计委员会就召开了6次会议。审计委员会6个成员中的5个是现任或者前任的首席执行官，这是另外一个好标志，表明它真正地懂得财务数字。

每一个委员会都有它自己的章程，这已经写入了股东委托书（证券交易委员会的规章只要求审计委员这样做），章程明确了每个委员会各自的责任。这是相当难得的，值得投资者仔细阅读，看看一个效忠于股东的董事会应该如何履行它的职责。公司治理委员会明确表明它负责公司领导人的继任人选选拔问题——这对任何公司的董事会来说都是非常重要的问题，许多公司常常会忽略它，等到事情发展到不可挽回的地步，再着手解决这个问题，但一切都为时已晚。

辉瑞公司董事的薪酬通过现金和一种限制性股票来支付。和许多公司一样，辉瑞公司不要求它的董事一定要购买公司的股票，但是希望他们拥有相当数量的公司股票。

19个董事会成员中有3个是现任和前任的首席执行官，这意味着内部董事只占15%，远远低于22%的平均水平。

辉瑞的董事会广泛地参与公司各方面的事务，同时，辉瑞公司也要求它的董事会成员不能同时在许多其他公司的董事会里兼任董事。每次某个董事会成员被邀请加入其他公司的董事会，他（她）都必须向公司治理委员会提出申请，在委员会同意之前，必须确保该公司不是辉瑞的竞争对手并且和辉瑞没有利益上的冲突。当董事会成员更换工作时，必须提出辞职，然后由公司治理委员会来决定是挽留还是找新人来接替他的位置。

尽管辉瑞公司也有许多需要改进的地方，例如不错开董事任职期，以及增加一些董事的股票持有量，但这个公司的治理结构仍然是一个成功的例子。

从辉瑞公司的例子中，我们可以看出，检验一个公司是否有好的治理结构，应着力于查看它的股东委托书等公司材料，是否公开透明，是否清晰明了，公司的管理层是否以股东的利益为重，总是努力从投资者的角度考虑问题，该公司的管理团队和董事会之间是否配合默契等。

公司的治理结构是检验公司治理的核心。投资者只有投资于治理结构完善的公司，方可有效控制自己的投资风险。

金
律
八

选简单股：
一定要在自己理解力允许的范围内投资

投资易于了解的行业

投资人财务上的成功，和他对自己所投资对象的了解程度成正比，以这样的了解，可以区别以企业走向作为选股依据的投资人，和那些带着一夜暴富的投机心态，整天抢进抢出，却占了绝大多数的投资人。

巴菲特说："既然我们在30年前并没有预见计算机行业会出现如今的情况，而且大多数投资者和公司经理也没有预见到。那么，为什么我现在非得认为我可以预言其他快速发展的公司的将来？我们反而要专注于那些易于了解的行业。"

通过把自己的投资范围限制在少数几个易于了解的行业，一个聪明伶俐、见多识广的人就可以比较精确地判断这些风险。

多年来，巴菲特只专注于那些易于了解的行业，所以他对伯克希尔所投资的企业一直有高度的了解。他建议投资人，在竞争优势圈内选股，如果一个企业的技术太复杂，超出了自己的了解范围，最好不要投资。

有人认为巴菲特只在他了解的范围内选择企业，使得自己没

我只做我完全明白
的事。
　　——股神巴菲特

有机会接触如科技等具有极高投资潜力的产业。巴菲特却坚持，投资的成功与否并非取决于你了解的有多少，而在于你能否老老实实地承认自己所不知道的东西。他认为，投资人并不需要做对很多事情，重要的是不能犯重大的过错。在巴菲特的经验里，以一些平凡的方法就能够得到平均以上的投资成果，关键是你要把一些平凡的事做得不平凡。

　　从巴菲特的投资中，我们便很容易看出他的这种做法。他对网络科技股总是避而远之。相反，他青睐那些传统意义上的、为他所了解的盈利前景较为明朗的企业，如保险、食品、消费品、电器、广告传媒及金融业。

　　巴菲特多年来一直拥有的企业有以下一些：加油站、农场开垦公司、纺织厂、连锁性的大型零售商、银行、保险公司、广告公司、铝业及水泥公司、报社、油田和矿产开采公司、食品、饮料、烟草公司以及无线和有线电视公司。有些企业他拥有控股权，有些企业他只是拥有部分的股票。无论哪一种情形，巴菲特总是明确地掌握这些企业运作的状况。他了解所有伯克希尔持股公司的年收入、开销、现金流量、劳资关系、定价弹性和资本分配等情况。

巴菲特对可口可乐十分热衷，主要的原因之一是它的业务非常简单，易于了解。

巴菲特基于对保险业的深刻了解，投巨资购买GEICO的股票。一年后，巴菲特卖掉手上的CEICO股票，赚得50%的利润。

巴菲特表示："让我们想象你已经离开了10年，现在你想进行一个投资，你知道的就是你目前了解的一切，而且当你走的时候你也不能够改变什么，这时你会怎么想？当然企业必须要简单而且容易了解，公司必须在过去几年中表现出许多企业的平稳性，而且长期的前景也必须是被看好的。"

投资者应把自己的投资范围限制在少数几个易于了解的行业，盲目投资不了解的行业是不明智的。一个理性而见多识广的投资者应当可以比较精确地判断这样做的风险。

有些投资垃圾债券的投资者看好垃圾债券发行公司的前景，认为这些公司的经理有着给投资者以良好回报的想法。可事实上，这些垃圾债券的经营者却通常有另外的意图。他们就像吸毒者，不是把精力放在寻找治愈其满身债务的良方上，而是把精力放在寻找另一次毒品注射上。债券的追捧者们当时都相信大崩溃不会发生，他们甚至天真地认为，因为巨大的债务将使管理人员前所未有地关注绩效管理，正像人们期望一把镶嵌在轿车方向盘上的匕首也许可以使司机非常警觉，但如果轿车遭遇不好的路况，哪怕是最小的坑洞，也会产生致命的事故。而事实上公司运营的道路上到处都是坑洞，所以那种要求司机躲避所有坑洞的计划注定会遭遇彻底的失败。

作为普通投资者，我们完全不必受指数短期波动的影响，可以选择容易了解的行业和公司，从行业景气度趋势、企业成长趋势和股价运行趋势三者中去寻找共振的股票，长期持有。

为了减少精力消耗，投资者可以只考虑比较熟悉或者容易了解的行业，前者例如电力设备，后者例如采矿业、房地产；难了解的行业即使前景好也不参与，例如医药、化工材料。

这些较容易了解的行业及公司有着相同的特征：基本面优良、盈利情况良好及稳定的分红，除此之外还有高速、机场、汽车等低市盈率行业里也都有黄金可挖，投资者在未来的操作中可多加关注，相反对于一些高深莫测的概念，利润就留给别人吧。

生意不熟不做

投资能不能成功，并不在于你能够评估出内在价值的公司股票数量的多少，而在于你是不是冒险投资那些你没有能力评估出内在价值的公司股票。做自己没有能力做的事，只会失败；买自己没有把握的公司股票，只会失败。

巴菲特说："我们没有涉足高科技企业，是因为我们缺乏涉足这个领域的能力。我们宁愿与那些我们了解的公司打交道。"要去那些我们了解的有明显优势的领域施展本领，不要去那些我们没有优势只有劣势的领域参与竞争。

中国有句古话叫："生意不熟不做。"巴菲特有一个习惯，不熟的股票不做，巴菲特的这种理念也许可以解释他为什么一直对高科技股不感兴趣的原因吧！

正是因为巴菲特坚持"不熟不做"的观点，多年来他对科技企业避之唯恐不及，并成功地避开了2000年年初网络股泡沫等一系列投资陷阱。

巴菲特曾说他对分析科技公司并不在行。当股市处于对高科技尤其是网络公司股票狂热的时候，巴菲特在伯克希尔公司股东大会上被别人问是否会考虑投资高科技公司。他回答："这也许很不幸，但答案是不。我很崇拜安迪·格鲁夫和比尔·盖茨，我也希望能通过投资于他们将这种崇拜转化为行动。但当涉及微软和英特尔股票，我不知道10年后世界会是什么样子。我不想玩这种别人拥有优势的游戏。我可以用所有的时间思考下一年的科技发展，但不会成为分析这类企业的专家，第100位、第1 000位、第10 000位专家都轮不上我。许多人都会分析科技公司，但我不行。"

查理·芒格也认同巴菲特的这种观点，他说："我们没有涉及高科技企业，是因为我们缺乏涉及这个领域的能力。传统行业股票的优势在于我们很了解它们，而其他股票我们不了解，所以，我们宁愿与那些我们了解的公司打交道。"

巴菲特说："如果我们的原理应用到科技股票上，也会有效，但我们不知道该如何去做。如果我们损失了你的钱，我们会在下一年挣回来，并向你解释我们如何做到了这一点。我确信比尔·盖茨也在应用同样的原理。他理解科技的方式和我理解可口可乐公司与吉列公司的方式一样。所以，我们的原理对于任何高科技企业都是有效的，只不过我们本身不是能够把原理应用到这些高科技企业的人而已。如果我们在自己画的能力范围里找不到能够做的事，我们将会选择等待，而不是扩大我们的能力范围。"

巴菲特避开科技企业还有一个原因是，很难预测这些变化很快的高技术领域或新兴行业的未来发展。巴菲特说："我可以理性地预期投资可口可乐公司的现金流量。但是谁能够准确预期十大网络公司未来25年里的现金流量呢？对于网络企业，我知道自己不太了解，一旦我们不能了解，我们就不会随便投资。显然，许多在高技术领域或新兴行业的公司，按百分比计算的成长性会比注定必然如此的公司要发展得快得多。但是，我宁愿得到一个可以确定会实现的好结果，也不愿意追求一个只是有可能会实现的伟大结果。"

事实上，巴菲特对科技股也不是抱着一味排斥的态度。作为一个理性的投资家，他不会因为企业的名称或是产品与高技术有关便将其排斥在考虑之外。无论是哪一种类型的股票，他所考虑的核心都没有变化。1999年，巴菲特决定投资美国第一数据公司。当时整个业界都十分诧异于巴菲特的改变，以为他要大举进军科技股。巴菲特为什么会选择投资美国第一数据公司呢？是因为它符合巴菲特的投资标准。

第一数据公司位于美国亚特兰大，它提供信用卡支付处理及电子商务线上交易系统服务。正努力在线上交易中推广使用信用卡支付，并一直和雅虎、戴尔等著名高新技术公司有密切的业务往来。与当时其他正在亏本运营的网络公司不同的是，第一数据公司已经有了很大的销售额与利润，这些是引起巴菲特兴趣的最大原因。

巴菲特一方面宣称自己对科技股不感兴趣，另一方面还是购买了科技公司的股票，这是否有矛盾呢？事实上这两方面并不矛盾，如果我们能将问题看得更为深入一些，就不难明白，巴菲特选择投资第一数据公司，更重要的一点是因为它已具备了能长期维持竞争优势和盈利的能力，符合巴菲特的传统投资理念。

在巴菲特看来，能够发现并长期拥有一家好企业，比在华尔街上的短期套利行为更有价值。他绝不会为了能够在短期内通过捕捉或制造某种投资热点而获利。巴菲特所看重的，正是企业及其产品、服务和管理上的特点能否满足自己的要求。一般说来，巴菲特对下列两种企业情有独钟：

第一，能够提供重复性服务的传播事业，也是企业必须利用的说服消费者购买其产品的工具。无论是大企业还是小企业，它们都必须让消费者认识自己的产品与服务，所以它们不得不花去高额的广告费以求能打开销路。所以，那些提供这类服务的行业势必从中获得高额的营业额及利润。

第二，能够提供一般大众与企业持续需要的重复消费的企业。巴菲特投资的华盛顿邮报、中国石油等，无疑都符合他的这一原则。

在当今知识经济浪潮的冲击下，巴菲特终于对网络信息这种新的生活方式表示认同了，实际上，他的认同不是对他一直坚守的投资理念的抛弃，而是一种创新的升华。

投资并不是一项神秘的事业，它散发着巨大魅力，让许多人乐此不疲为之忙碌。可是，在投资这个领域，成功的人永远少于失败的人。究其原因，是因为有太多的人是靠着自己头脑中的想象与金钱打交道。从巴菲特的投资行为中，我们也可以得到启发：在做任何一项投资之前，都要仔细调研，在自己没有了解透、想明白之前，不要仓促做决定，以免给自己造成更大损失。

寻找长期稳定产业

投资者对这类产业进行选择时，应该关注产业的两大方面：一是考察该产业的吸引力，主要表现在产业平均盈利能力上；二是考察该产业的稳定性，产业稳定性主要表现在产业结构变化的程度上。

巴菲特在寻找新的投资目标之前，总是会首先考虑增加原有股票的投资的头寸，只有在新的投资企业非常具有吸引力时才愿意买入。

巴菲特投资美国运通的历史可以追溯到很早以前了，在1963年11月22日，该公司的股票从消息传出前的60美元/股，降低到后来的56.5美元/股，到1964年年初的时候，股价已经跌到了35美元/股。而巴菲特决定买入的时候就是在1964年。在那年巴菲特将他的合伙公司的40%的资产，大约1 300万美元买入了5%的美国运通的股票。接着，在后来的两年时间里，美国运通的股价上升了3倍。在5年的时间内股价上涨了5倍，股价从35美元/股上涨到189美元/股，在1991年巴菲特对外宣称他将持有该股票长达4年，所以他投资美国运通的收益率至少在4倍以上。

巴菲特在伯克希尔1994年的年报中对他投资美国运通的历史说，他认为正是出于对该公司的长期了解才会大笔增持该公司的股票，看来这是很明智的投资行为。

事实上，选择长期稳定的产业需要考虑该产业的外部环境，外部环境通常可分为两大类：一是宏观环境，它是由自然、人口、社会、经济、技术、政治、法律等因素组成的；二是产业竞争环境，是由产业内部的竞争对手、供应商、买方、替代品生产厂商、潜在进入者等构成的。宏观环境一般并不直接影响企业的经营，而是通过产业环境间接影响，因此产业竞争环境对企业竞争优势的获得和维持具有最直接、最大的影响力。

近乎懒散的倦怠，构成了我们的投资风格基石。
——股神巴菲特

产业结构强烈地影响着企业竞争优势的确立及其可持续性。产业之间的竞争不断将某个产业投资资本收益率降低到投资资本要求的最低平均收益率水平。当某个产业收益率低于投资资本要求的最低收益率水平时，投资者无法长期接受而退出该产业，转而投入到其他收益率较高的产业，使该产业竞争减弱而收益率水平上升。当某个产业收益率水平持续高于最低收益率水平时，将会吸引新的投资资本进入，使该产业内竞争加剧而收益率下降。在实践中，一些产业由于其独特的产业结构，拥有较高的进入壁垒而长期保持超出其他产业平均盈利水平的高收益率。即使投资于这些具有超额收益率的产业中一般的企业，如具有垄断性质的报纸、广告业、电视业等，也会有较高的回报。而投资于收益率水平很低的产业，即使是最优秀的企业，如钢铁、石化，也只能有较低的回报。

寻找具有竞争优势的产业

产业结构通常影响产业内部所有的企业，这种影响力来源于产业内部的基础经济结构，不是单个企业能改变的。如果一个产业的产业结构能够持续保持较高的吸引力，同时持续形成较高的进入壁垒，那么该产业中的企业就具有保持持续竞争优势的良好环境条件。

产业结构分析有助于我们在股票投资中寻找到盈利平均水平较高的长期稳定产业，在这些产业中更容易找到盈利水平高、竞争优势持续时间长的优秀企业。

1994年，巴菲特与一些学生谈了进行公司分析的基本方法："一段时间内，我会选择某一个行业，对其中6~7家的企业进行仔细研究。我不会听从任何关于这个行业的陈词滥调，我努力通过自己的独立思考来找出答案……比如我挑选的是一家保险公司或一家纸业公司，我会让自己沉浸于想象当中：如果我刚刚继承了这家公司，而且它将是我们家庭永远持有的唯一财产。那么，我将如何管理这家公司？我应该考虑哪些因素的影响？我需要担心什么？谁是我的竞争对手？谁是我的客户？我将走出办公室与客户谈话。我从这些谈话中会发现，我这家企业与其他企业相比，具有哪些优势与劣势？如果你进行了这样的分析，你可能会比管理层更能深刻了解这家公司。"

巴菲特在产业选择中重点关注两大方面：一是产业吸引力，主要表现在产业平均盈利能力上；二是产业稳定性，主要表现在产业结构变化程度上。

1.产业吸引力

巴菲特的投资经验表明，产业吸引力是股票投资中产业选择的首要标准。巴菲特以其曾经投资的百货零售业与电视传媒业进行了产业吸引力比较：虽然许多零售商曾经一度拥有令人吃惊的成长率和超乎寻常的股东权益报酬率，但是零售业是竞争激烈的行业，这些零售商必须时时保持比同行更加聪明，否则突然间的业绩急速下滑就会使得他们不得不宣告破产；相比较而言，作为电视传媒业的地方电视台即使由水平很差的人来经营管理，仍然可以好好地经营几十年，如果交由懂得电视台经营管理的人来管理，其报酬将会非常高，其根本原因在于不同产业因特性不同而具有不同的吸引力。

2.产业稳定性

巴菲特投资策略的最大特点是持股经常达几年甚至十几年之久，之所以如此，是因为他坚信他所投资的企业和产业在未来有很强的稳定性。

巴菲特的产业分析经验表明，主业长期稳定的企业往往盈利能力最强，而企业的主业之所以长期稳定，根本原因在于其产业具有长期稳定性。而那些经常发生重大变化的产业，如高科技产业和新兴产业等，巴菲特则从不投资。

在那些竞争作用力强的产业，如钢铁、造纸、石化等，没有一个企业能获取超出平均水平的较高投资收益率。而在那些竞争作用力相对较弱的产业，如报纸、电视台、广告、美容化妆、珠宝等，企业普遍能够获取很高的收益率。

巴菲特的产业选择经验表明，决定产业长期稳定性的产业演变对于投资分析非常重要，在这里主要采用波特提出的产业演变基本分析框架。产业演变将导致产业吸引力及产业平均投资回报率发生重大变化，相应地企业对于产业演变的战略反应是否适当将导致企业竞争优势发生较大变化。

顺风行业更值得投资

对于我国的投资者而言，仍然有很多行业还没有专门的信息披露途径。这就需要投资者在实际操作中做到多方面搜索信息，特别需要时刻关注政策的动向，并采用定量定性相结合的分析方法，对行业状况做到恰如其分的把握。在了解一个行业的景气指数后，同时还要配合个股的实际情况进行综合分析，这样准确度会更高。

巴菲特在1977年致股东的信里写道："保险这个行业从总体上来看，表现还是不错的，但事实上其情况也并不全然是这样的。在过去的10年中，我们也犯过一些错误，不管是在产品还是在人员上面。虽然小错不断，但是大体上还是可以获得令人满意的成绩。从某一程度上来看，这个行业与纺织业却正好相反，管理层已经相当的优秀了，但却只能获得相当微薄的利润。各位管理阶层需要一再学到的是，选择一个顺风的行业而不是逆风行业的重要性。"

　　巴菲特这段话再次提醒投资者，在选择投资目标时对于行业的经济特征的甄别是多么的重要。早在1967年的时候，伯克希尔用860万美元的价格购并了国家的产险和国家海火险公司以后，当年它们的保费收入就已经达到了大约2 200万美元，一直到1977年，累计的年保费的总收入已经达到了1.51亿美元。可见选对一个行业它的盈利空间是非常大的。

　　1977年，由于巴菲特没有深刻认识到美国纺织业大势已去，因此进入1978年，纺织业仍然令巴菲特头疼。这一年巴菲特在给股东的信中对纺织业发表了如下看法："纺织业的现况正如教科书所述那样，充分地说明了资本密集但产品无重大差异化的生产者注定将只能赚取微薄的报酬，除非提供供给吃紧或真正短缺的产品。只要市场产能过剩，产品价格就会随直接营运成本而非投入资金作变动。不幸的是这样的情况正是目前纺织业的常态，所以我们只能期望获取稍微合理的投资报酬。我们希望以后不要再介入这类产业面临困境的企业。"

　　在这一段无可奈何的言语中，巴菲特进一步加深了对自己在纺织业上所遇到困难的严重程度的深刻看法。由于加深了对纺织业的了解，巴菲特于1978年提出一个振聋发聩的观点："除非供给吃紧造成供不应求，否则资本密集但产品无重大差异化的生产者注定将只能赚取微薄的报酬。"

　　1980年巴菲特基本结束了他在纺织业的无谓努力并向股东认错。在1980年给股东的信中，他说："去年我们缩减在纺织业的规模，虽然不愿意但却不得不结束。除了少数设备转移到New Bedford外，其余连同房地产均处理掉了。你们的董事长由于无法早点面对事实而犯了重大的错误，而在New Bedford也淘汰了约1/3的织布机，这些生产线不具投资效益，就产业循环而言甚至会产生损失。"

　　巴菲特透过自己不成功的投资实践，用最通俗的语言提炼出一个观点：对于投资最重要的是选择顺风的产业，而不是逆风的产业。

　　此外，任何一个产业不是绝对地永远顺风，也不是从来就逆风。在它的兴起阶段，在它的成长阶段，它必然是一种顺风的状态。当它达到兴盛的顶点，当它不再是社会发展的领头羊和主导产业，它必然会走向衰落，这时它就是一个逆风产业。在逆风产业中不可能有好的投资回报，就连股神巴菲特都没有在逆风产业中成功，我们普通投资者就更不要尝试在逆风产业中投资。我们应该尽量把自己的资金配置到那些代表社会经济发展方向的新型行业中去。这就是巴菲特1977年年报给我们提供的最大的启示。

选准行业"领头羊"

　　在股市中，某一行业的"领头羊"的强劲走势不仅能带动该板块走出良好行情，而且能带动大盘上涨，让及时追涨的投资者获取丰厚的收益。

　　1998年巴菲特在佛罗里达大学商学院的演讲时说："麦当劳在海外的处境会比美国国内要更好一点，随着时间的推移，这个生意就会变得越来越难做。因为人们已经不再愿意每天都吃麦当劳了，然而喝可乐的人仍然大有人在，今天你喝5罐，明天可能再喝5罐。因此快餐业的处境要艰难得多。但是假如你一定要投资快餐业的话，在世界的范围内来看这个行业还是规模巨大的，如果你要从中选择一家的话，你会选择麦当劳，因为它有着很好的定位。它对于小孩子来说仍然是美味，尽管对于成年人来说它并不是最好吃的。最近，麦当劳用降价的策略进入了促销的领域，而不是产品本身的吸引力引起的销量的增加。"

可以看出巴菲特总是选择投资某一行业里的标杆性企业，他认为在股市中，某一行业的"领头羊"的强劲走势不仅能带动该板块走出良好行情，而且能带动大盘上涨，让及时追涨的投资者获取丰厚的收益。它们的成长性更是不会令人失望的。

投资者在选择股票时，有个最简单的绝招，那就是选择行业的"领头羊"。抓住"领头羊"有以下几方面的优势：

（1）在主升浪当中，"领头羊"一般说是上涨最早、力度最大、幅度最大、回调最少的股票，属于最强势。

（2）在反弹浪当中，"领头羊"一般也是如此。例如某一天华新水泥（600801）的表现，就说明了这一点。其他水泥股只是跟风，包括福建水泥、冀东水泥等。并且，华新水泥还在涨停板上，而它们已经展开盘中回落，并且上涨不过2%～3%。

（3）从力度和涨幅看，一旦"领头羊"启动，还是应该跟风

投资的秘诀，不是评估某一行业对社会的影响有多大，或它的发展前景有多好，而是一间公司有多强的竞争优势、这优势可以维持多久。产品和服务的优越性持久而深厚，才能给投资者带来优厚的回报。

——股神巴菲特

"领头羊"而不是"从属股"。追涨从属股，不如追涨涨幅已经略大的"领头羊"来得安全。涨幅略大的，反而比涨幅小的安全。

（4）在从属股上跟风，容易吃套。从属股往往是涨幅还没有多大，获利还没有多少，就已经滞涨和下跌了，直到最后连累"领头羊"也出货。

由于"领头羊"具有先板块启动而起，后板块回落而落的特性，所以，它的安全系数和可操作性均远高于跟风股，至于收益更是跟风股望尘莫及的。征战股市，选择"领头羊"，实现收益的最大化。投资者在进行操作时要谨记以下两点：

（1）大胆追高。

大牛市"领头羊"一旦步入主升段，就是一大段出人意料的、持续大幅上升的单边市，很少也很难有逢低吸纳的机会，主力是不会故意给机会让你逢低买入的，所以只有追高才能买入第一"领头羊"。这里准确判断它是大牛市第一"领头羊"及已经进入主升段，是十分重要的技术。如果判断错误，会有很大风险。

（2）大胆持股。

主升段的升幅是十分巨大的，利润也是十分丰厚的。但是要赚到这一暴利，就一定要持久持股，否则像当年不少的投资者买深发展，赚两三成就跑掉了，白白错失了后市高出几倍的利润。当然这里也是有条件的：未见到阶段性顶部。一旦有见顶的迹象，就必须迅速离场。

选择具有核心竞争力的产业

投资者在选择持续竞争优势的企业时应该注意两个方面：其一是分析企业是否具有真正的竞争优势；其二是分析企业竞争优势能否长期持续保持。

巴菲特认为选择投资对象的关键是分析企业的竞争优势及其可持续性，他一再强调投资人应该去寻找和发现具有持续竞争优势的企业，这类企业应该是投资的首选目标。

实际上，要确定任何所选择的一家企业的竞争优势，最重要的是确定这种优势的持续性。

巴菲特选择富国银行的原因只是认为它是一家非常优秀的上市公司，拥有最好的管理模式，股票的价格水平也处在合理的水平上。他在分析这家银行时，认为该银行是全能型的以客户为导向的银行，该银行的交叉销售模式能够为利润创造出巨大的价值。并且该银行很注重对风险的控制，尤其是风险的分散方面做得很好，它拥有80个业务的单元，对客户一生中可能产生的各种金融要求提供合适的产品，这样就会把业务的风险分散化了。

同时他分析出富国银行在20多年来显示出了颇为强大的竞争优势，20年来的每股盈利从1984年的0.84美元增长到了2004年的1.86美元，增长了10.40倍，这给股东权益的复合回报率达到了23%。

巴菲特之所以强调要投资于具有持续竞争优势的企业，是因为对于长期投资来说，股价最终取决于公司内在价值，而具有持续竞争优势的企业的经济命运要远远优于那些一般企业，能够持续创造更大的价值增值，从而为股东带来更大的财富增值。

业务是企业发展的根本

企业要发展，业务是根本。具有发展前景的业务是企业的饮水之源。投资者进行投资时，一定要首先观察企业的业务，然后再考虑其他因素。

巴菲特在1989年致股东的信里说："从这里我们又学到了一个教训：只有优秀的马搭配技术高超的骑士才能取得好成绩。如果马不好，再厉害的骑士也没有办法。像伯克希尔纺织公司也是才能兼备的人在管理，但很不幸的是他们面临的是流沙般的困境。如果将这些人放在资质更好一些的公司，我相信他们应该会有更好的表现。"

巴菲特认为，判断一家公司是否优秀，首先要分析的就是公司的业务。只有拥有好的业务，公司才能够有更好的发展。

很多人觉得公司中最重要的就是管理层。他们觉得一家公司只要拥有足够优秀的管理层，就可以扭亏为盈，好上加好。以前巴菲特也这么觉得，后来经过伯克希尔纺织公司的教训后，巴菲特开始意识到一家公司最重要的是业务。业务就像赛马场里的马，管理层就像赛马场的骑士。如果想要在赛马场上赢得比赛，先决条件是必须有一匹好马。优秀的马配上技术高超的骑士，能够取得非常优秀的成绩；优秀的马配上技术一般的骑士，也能够取得比较不错的成绩；如果没有一匹好马，再优秀的骑士也无法发挥他们的本领，就像巧妇难为无米之炊一样，最终的结果只可能是成绩不好，而且还坏了骑士的好名声。

巴菲特生平投资的第一个错误就是买下伯克希尔纺织厂。而巴菲特犯错误的主要原因就是当时巴菲特没有把公司的业务看得很重要。其实当时巴菲特已经觉得纺织业是个高度竞争的行业。即便改进机器会促使商品生产率大幅提升，但好处只会落在客户身上，而厂家捞不到一点好处。在经济繁盛的时期，纺织业只能赚取微薄的利润。而在经济衰退期，纺织业就只能够赔钱。虽然巴菲特也任命了非常出色的管理层，可还是无法扭转乾坤。最终因为长期亏损，巴菲特不得已关闭了伯克希尔纺织厂。巴菲特后来这么描述他对伯克希尔纺织厂的投资："首先我所犯的第一个错误，当然就是买下 Berk shire Hathaway 纺织的控制权，虽然我很清楚纺织这个产业没什么前景，却因为它的价格实在很便宜而受其所引诱。"

巴菲特收购斯科特公司也说明了业务的重要性。1986 年，伯克希尔公司收购斯科特公司时，该公司拥有 22 个不同的业务，主要业务是世界百科全书、寇比吸尘器和空气压缩机，当时账面价值为 1.726 亿美元。伯克希尔公司花费了 3.152 亿美元收购了该公司。也就是说伯克希尔公司用 1.426 亿美元的溢价购买了斯科特的业务价值。后来的事实证明巴菲特的眼光没有错。被伯克希尔收购后，斯科特公司的经营业绩越来越好，原来就很高的股东权益报酬率又有了新的突破，让伯克希尔公司赚取了丰厚的回报。巴菲特后来非常自豪地说，通过支付这些溢价能够收购到一家业务简单易懂、发展前景良好的公司是非常值得的。

不要超越自己的能力圈边界

既然连"股神"巴菲特都无法精通所有行业，那么我们普通投资者也不必为了自己无法了解所有行业而沮丧。只要我们坚持只在我们的能力圈范围内投资，我们的投资风险就会更小，获得丰厚回报的可能性就更大。

巴菲特 1996 年在给股东的信里说："投资者真正需要的是有正确评估所投资企业的能力，并不需要成为每个行业都懂的专家。投资者只需在你自己的能力圈范围内正确评估几只股票就够了。每个人的能力圈有大有小，但大小并不重要，重要的是知道自己的能力圈边界在哪里。"

由于每个人的生活经验和知识能力有限，所以谁也不可能成为每个行业都知晓、每个行业都精通的专家。有些人觉得因为自己不了解所有行业才投资失败，但巴菲特觉得，是否了解所有行业的发展状况并不那么重要，关键在于你要在自己熟悉的能力圈内投资。只要你的投资范围不超越自己的能力圈边界，那么懂不懂其他行业的知识对你的投资一点都没有影响。其实投资者要做的很简单：首先了解自己熟悉哪些行业，确定自己的能力圈范围有多大，然后在能力圈的边界内寻找具有投资价值的企业，在合适时机买入。

业务内容首先要简单易懂

经营业务越简单的企业，越可能具有持续竞争优势。在选择投资企业时，投资者最好先从那些业务简单易懂的企业下手。

1996年巴菲特在致股东的信里写道："作为一名投资者，我们要做的事情很简单，就是以合理的价格买进一些业务简单易懂又能够在5~10年内持续发展的公司股票。经过一段时间，我们就会发现能够符合这样标准的公司并不多。所以一旦你真的碰到这样的公司，那就尽自己所能买最多份额的股票。当然在这期间，你要尽可能避免自己受到外界诱惑而放弃这个准则。如果你不打算持有一家公司股票10年以上，那就最好连10分钟都不要拥有它。当你慢慢找到这种盈余总能积累的投资组合后，你就会发现其市值也会跟着稳定增加。"

巴菲特认为，越是具有持续竞争优势的企业，其经营业务通常都越简单易懂。投资者在选择投资的企业时，最好选择业务简单易懂的企业。他认为，投资者成功与否，与他是否真正了解这项投资的程度成正比。这一观点是区分企业导向和股市导向这两类投资人的一个重要特征。后者仅仅是购买了股票，打一枪换一个地方而已。

巴菲特之所以能够保持对所投资的企业有较高程度的了解，是因为他有意识地把自己的选择限制在他自己的理解力能够达到的范围。巴菲特忠告投资者："一定要在你自己能力允许的范围内投资。"

有人认为，巴菲特给自己设置的这些限制，使他无法投资那些收益潜力巨大的产业，比如高科技企业。也有很多人会觉得纳闷，简单易懂的业务，人人都能做，怎么还能够产生高额利润呢？在巴菲特看来，非凡的经营业绩，几乎都是通过平凡的事情来获得的，重点是企业如何能够把这些平凡的事情处理得异乎寻常地出色。通俗地说，就是在平凡的事情中实现伟大的成就。像这些优秀的企业，它们几十年来只专注于某一领域，自然就有更多的时间和资金来改善生产技术、服务、生产设备等，它们的产品自然也会变得更加优秀。而且，它们的产品年代越久，就有越多的人了解它们，它们的品牌效应就会越明显。

业务简单易懂是巴菲特对投资企业的要求之一。在巴菲特的投资生涯中，大多都是业务简单易懂又极具持续竞争优势的企业。像可口可乐公司就是一个典型的例子。可口可乐公司的业务非常简单：可口可乐公司采购原料后，制成浓缩液，然后卖给装瓶商。装瓶商再把这种浓缩液和其他成分混合在一起，制成可口可乐饮料卖给零售商。就是这么简单的业务，让可口可乐公司每年赚取了巨额利润。就连遭遇金融危机的 2008 年，可口可乐公司都获得了高达 58.1 亿美元的利润。

过于复杂的业务内容只会加重你的风险

如果企业经营的业务过于复杂，企业运营的风险就比较大。而且过于复杂的业务，投资者也不太容易搞明白，所以投资者尽量远离那些经营业务复杂的企业为好。

2008 年巴菲特在致股东的信里说："像担保债务凭证这种过于复杂的金融衍生产品，是造成这次金融危机的原因之一。我和芒格曾经说过，这些金融机构将商业操作弄得太复杂了，使得政府监管

投资人必须谨记，你的投资成绩并非以奥运跳水比赛的方式评分，难度高低并不重要，你正确地投资一家简单易懂而竞争力持续的企业所得到的回报，与你辛苦地分析一家变量不断、复杂难懂的企业可以说是不相上下。

—— 股神巴菲特

者和会计准则都无法阻止这些金融机构冒这么大的风险。这种缺乏控制的行为，已经造成了惨重后果，例如贝尔斯登的倒闭，而且很有可能带给金融业更多损失。"

巴菲特认为，企业经营的业务越简单易懂越好，太过复杂的业务容易造成不可预测的风险。

2008 年金融危机给全球的金融机构造成了高达 3 000 多亿美元的损失。但巴菲特认为，这样的损失很大程度上也要归咎于金融机构本身。在过去的时间里金融机构发行了很多过于复杂的金融衍生产品。像担保债务凭证这个产品，投资者如果想弄明白其业务内容，就至少需要阅读 75 万字的报告。这样这些复杂的产品大大增加了金融机构的风险系数。但是由于它们过于复杂，使得政府监管者和会计准则无法监控到这些风险性，才导致了金融危机的全面爆发。

巴菲特说，在伯克希尔公司里，是绝对不允许发生这种事情的。为了避免风险，巴菲特在选择投资企业时，都不会选择特别复杂的业务。巴菲特说，他曾经读过一份金融公司的业务报告。这份报告主要是向政府部门和普通投资者介绍这家金融机构的操作过程，但这份报告多达 270 页。巴菲特一边阅读，一边把自己认为有疑问的地方列在空白纸上。等看完最后一页，巴菲特发现他竟然列了 25 页问题。最后他实在失去了耐心，把笔一扔，决定再也不投资这个股票了。巴菲特之所以不碰高科技，也是因为他觉得高科技太复杂了，投资风险太大了。

巴菲特认为，如果某项业务的不确定因素很多，那么该项业务的投资成功率就会很低。如果某项业务只有 1 个不确定性因素，而这个因素的成功概率高达 80%，那么这项业务的投资成功率就是80%；如果这项业务有两个不确定性因素，而每个因素的成功概率都是 80%，那么这项业务的投资成功率就是 64%；以此类推，不确定性因素越多，这项业务的投资成功率就越低。巴菲特觉得，如果某项业务的投资成功率很低，即使该业务有再高的投资回报率，他也不会进行投资的。

1998 年伯克希尔公司打算投资一个锌金属回收项目，项目内容就是将地热发电产生的卤水中的锌提取出来进行回收利用。本来这是巴菲特非常看好的一个项目，利润率很高，项目内容也简单。可是在真正实行的过程中，问题层出不穷，总是一个问题接着另一个问题出现。常常刚解决完这个问题，又有一个新问题跑出来。这令巴菲特非常不满。经过全面地衡量利弊，最终巴菲特觉得投资成功率太低，放弃了这个很赚钱的项目。

你要能了解它的新型业务

一项新型业务，可能是有前途的业务，也有可能是没前途的业务。如果碰到从事新型业务的企业，投资者要在认真了解该新型业务的基础上再决定是否投资。

巴菲特在 1998 年写给股东的信里说道："在这个产业占据主导地位是一件非常重要的事情。我们遍布全美的机队可以使我们的客户受惠无穷。我们能够提供其他公司无法提供的服务，所以我们也能够大幅度降低飞机停在地面的时间。我们还有一个让客户无法抵挡的诱惑，那就是我们提供的飞机种类非常多，有波音、湾流、Falcon、Cessna 和雷神。而我们那两个竞争对手却只能提供自己生产的飞机。通俗地说，Netjets 公司就像一位治病的医生，能够根据病人的情况对症下药。而其他两个对手就像卖祖传膏药的江湖郎中，无论病人是什么病况，开的药都是那一贴膏药。"

如果一个企业经营的是过去从来没有过的新型业务，投资者也要认真地去了解它，根据它的价值来判断是否值得投资，而不是根据自己的猜测直接肯定或否定这项投资。

金律九

设止损点：
投资的第一原则是保住本金

牛市的全盛时期卖比买更重要

巴菲特强调要长期持有，如果一些公司一直保持其竞争优势，那你就不要卖出它们任何一家。道理很简单，你持有它们越久，你获得的税后回报率就越高。但在三种情况下，卖出也是有利的选择：第一种情况是当你需要资金投资于一个更优秀的、价格更便宜的公司时；第二种情况是当这个公司看起来将要失去其持续性竞争优势的时候；第三种情况在牛市期间股价远远超过了其长期内在经济价值时。一个简单法则：当我们看到这些优质公司达到 40 倍甚至更高的市盈率时，就到该卖出的时候了。

1999 年巴菲特在《财富》杂志撰文道："美国投资人不要被股市飙涨冲昏了头，因为股市整体水平偏离其内在价值太远了。我预测美国股市不久将大幅下跌，重新向价值回归。"

巴菲特上面这段陈述，提醒了投资者在股市的全盛时期，一定要看清楚市场的状态，不要被市场强烈的投机气氛冲昏了头脑，在大家都热火朝天地沉浸在股价上涨带来的喜悦的同时，市场的风险已经越来越高了。当市场膨胀到一定状态，出现泡沫时，离泡沫破碎的时候也不远了。一旦股市情形大转，没人能预料会跌到什么地步，而等到股票价值再次调整又要一定时间，并存在潜在的风险。你掌握在手中的相对不是很优秀的股票就根本体现不出它的价值，与其握在手中，不如卖掉它。

1969 年，随着 20 世纪 60 年代美国股市的狂飙突进，巴菲特解散了合伙人企业。进入 1972 年时，伯克希尔保险公司的证券组合价值 1.01 亿，其中只有 1 700 万投资于股票。

1987 年，道琼斯指数是让人大开眼界的 2 258 点，正是牛市的全盛期，巴菲特认为股市是个危险地带，已静静地卖掉了大多数股票。

在 2005 年致股东信中，巴菲特自责道："从我们最早买进这些股票后，随着市盈率的增加，对这些公司的估值增长超过了它们收益的增长。有时这种分歧相当大，在互联网泡沫时期，市值的增长远远超过了业务的增长。在泡沫期间我对令人头晕目眩的价格啧啧称奇，却没有付诸行动。尽管我当时声称我们有些股票的价格超过了价值，却低估了过度估值的程度——在该行动的时候我却只是夸夸其谈。"

在牛市的全盛时期，股市上的股票价格大都在上涨，此时股票

牛市必须避免的错误是，别像一只暴风雨后浮在水面的鸭子那样自得，那是因为它有浮水的本事才能平步青云。理智的鸭子应该会比较一下，在倾盆大雨之后其他鸭子也在池塘里畅游的时候，自己处于的地位。

——股神巴菲特

价格偏离价值越来越远。尽管这种状态迎合了投资者想要获取利润的心理。但是，股市整体水平就会偏离内在价值越来越远。这样的股市行情，也很容易让人辨认不清公司股票的真正价值，越是涨得快的股票越可能是大家不熟悉的品种。股市不久将下跌，重新向价值回归。在这个时期，大家都会存在跟风的心理。市场的盲目性、求利性就凸显得更加厉害，股票牛市的整个大状态的形成就不可避免。而一旦股市冷却，整个急速降温的市场状态又会对股价产生巨大影响。优秀公司股票价格有时候也不能幸免。这样，投资者的利益必然要受到影响，为了避免造成过大的损失和影响，卖出一部分股票也是合理的。当股市大盘和个股一涨再涨，潜在的风险也在其酝酿之中了。

理智的投资者一定要和市场保持一定的距离。因为市场是变幻莫测的，若你想靠市场上的股价变化来投资，那将十分冒险。绝对不能人云亦云，尤其是在市场发展到全盛期，股市出现了泡沫时，你的投资必须更加理智。往往这个时候卖出的决定比买入的决定更理智。否则，当你发现买入的是个随时存在风险的不定时炸弹时，那么你的财产也就保不住了。

抓住股市"波峰"的抛出机会

长时间持有一只股票是一个很明智的选择，但是并不是说要无条件地长期持有。比如，当公司内部发生了经营方式的变化或是公司所处行业的发展前景发生了重大变化的时候，都可以改变自己的持股策略，果断地抛售自己的股票。

如果发现一个行业的发展前景没有一开始那么好了，巴菲特一定会毫不犹豫地卖出。因为没有了良好的发展前途，就根本不可能有良好的利润增值空间，那么也就不可能有较高的回报率。

巴菲特曾在谈到投资的时候说道："当人们对一些大环境事件的忧虑达到最高点的时候，事实上也就是我们做成交易的时候。恐惧是追赶潮流者的大敌，却是注重基本面的财经分析者的密友。"

巴菲特上面这段话，清晰地阐释出了股市中每个人都在追求着一个高点，试图把自己的股票卖一个好的价钱，但是往往内心的恐惧会阻碍自己将股票抛在合适的价位，这是需要一定的胆识的，人都有不可避免的恐惧心理，如果投资者能够对股市进行成功的基本面分析的话，把股票卖在一个波峰的时期并不是一件不可能的事。

股市中流传着这样一句话：会买是徒弟，会卖是师傅，要保住胜利果实，应该选准卖出的关键时机。"股神"巴菲特就有一种气魄，该出手的时候绝不含糊。

1987 年 10 月 18 日清晨，美国财政部长在全国电视节目中一语惊人：如果联邦德国不降低利率以刺激经济扩展，美国将考虑让美元继续下跌。结果，就在第二天，华尔街掀起了一场震惊西方世界的风暴：纽约股票交易所的道琼斯工业平均指数狂跌 508 点，6 个半小时之内，5 000 亿美元的财富烟消云散！第三天，美国各类报纸上那黑压压的通栏标题压得人喘不过气来：《10 月大屠杀》《血染华尔街》《黑色星期一》《道琼斯大崩溃》……华尔街笼罩在阴霾之中。这时，巴菲特在投资人疯狂抛售持股的时候开始出动了，他以极低的价格买进他中意的股票，并以一个理想的价位吃进 10 多亿美元的可口可乐。不久，股票上涨了，巴菲特见机抛售手中的股票，大赚特赚了一笔。巴菲特总是在关键时刻能够把握住机会卖出他的股票。

任何一种成功的投资策略中都要有一个明确的"抛出时机"。每个人都在为自己的股票寻找一个好的卖出时机，即寻找一个波峰。但是，并不是每个人都能够如愿以偿，这在具体操作的过程中，是需要掌握一定的技巧和方法的。股市的走势呈波浪式前进，正如大海的波浪一样，大市和个股的走势也有底部和顶部之分。因此，你要找到这两个点。当然，如果你能准确分析，找到确切的最顶或最低的点，那是最好不过的事。不过大多数人在绝大多数时间内是不可能做到这点的，就连巴菲特也没有这个把握。所以他总是这样认为，自己不一定能找到极致点，也不需要找到，只要在次高点或次低点就好了。而这两个点是常人都可以把握的。一般，当大市和个股在一段时间里有较大升幅时，就算没有政策的干预或其他重大利空，技术上的调整也是必要的。通常而言，升幅越大，其调整的幅度也就越大。当大市和个股上升到顶部时，及时抛出股票，就可以避免大市和个股见顶回调的风险；而当大市和个股调整比较充分之后入市，风险也就降低了。

所持股票不再符合投资标准时要果断卖出

投资标准不完善或没有自己的投资标准时，投资者显然无法采用退出策略，因为他无法判断一个投资对象是否符合他的标准。另外，他在犯了错误的时候也不会意识到自己的错误。可见，制定投资标准有多重要。

巴菲特说过："我最喜欢持有的一只股票的时间期限是永远，但需要强调的是，我们不会仅仅因为股份已经增值，或因为我们已经持有了很长时间而卖掉它们。"

巴菲特一直都是坚持长期持股的，但事实上他认为只有极少数的股票才值得这样做。经济学家会告诉你买入的绝大多数股票都是为了卖出，否则你永远不可能得到最大的利润回报。同理，在投资股票时，每个投资者也都该清楚这个道理。不然，你买入的应该是不动产，而不是股票。可卖出的时候也需要诀窍，卖什么样的股票，什么时候卖，卖多少，都是你要深思熟虑的问题。巴菲特认为，要卖出，首选就是投资对象不再符合自己的投资标准的股票。

巴菲特在 1986 年年报中公开声明，希望永久保留三种持股：大都会 /ABC 公司、GEICO 和华盛顿邮报。但在迪士尼收购了 ABC 之后，迪士尼在网络繁荣中挥金如土，拖了发展的后腿，巴菲特从 1998 年开始减持，1999 年几乎把持有的迪士尼股票都出售了。

巴菲特在 2006 年的股东大会上说："报纸仍然是很赚钱的，特别是与投入的有形资产相比，但其发展前景与二三十年前相比就不如当时乐观了。读者数量在减少，长期而言会侵蚀报刊行业的效益。我们仍然持有 World Book（百科全书出版商），我们曾以每套 600 美元的价格售出了 30 万套。问题是，随着互联网的发展，不再需要装帧和递送图书，人们就能在网上搜罗获取同样丰富的信息。不是说产品本身不再值此价钱，而是说人们有其他办法了。我看不出有什么事情能够改变这种趋势。"巴菲特认为，报纸和其他媒体行业的本质已经发生改变，但股票价格还没有反映这一点就有点让人担心了。巴菲特很可能会卖出华盛顿邮报和 World Book 等报刊类公司。

巴菲特在退出时机的把握上主要遵循四个原则。一般他会参考这四项中的一种或几种。一是当投资对象不再符合标准；二是当他预料某个事件发生时，当他做收购套利交易时，收购完成或泡汤的时候就是他退出的时候；三是他的目标得以实现时；四是在他认识到犯了一个错误时。

找到更有吸引力的目标时卖掉原先的股票

在发现现有所持股已经失去原来的吸引力的时候，果断地抛出，寻找下一个足以让你心动的目标。利益最大化的增长是每个投资者都希望的。当你寻找到更有吸引力的公司时，它很可能比原来你所投资的项目更加适合你，而这时，任何人都会倾向于选择有吸引力的一方。

巴菲特说："不管你在一笔投资中投入了多少时间、心血、精力和金钱，如果你没有事先确定退出的策略，一切都可能化为乌有。"

巴菲特上面这段文字，再一次强调了卖出的重要性。我们大家都知道选股和买入时机的重要性，但是往往却忽视退出时机的重要性，无论你选择了多么优秀的一只股票，一旦你发现它不再像开始时那么具有吸引力时，要坚决卖出。

1991年，巴菲特的伯克希尔—哈撒维公司投资近2.5亿美元购买了3 127.4万股吉尼斯公司的股票，占吉尼斯公司股份总额的1.6%。当时，吉尼斯公司是全球最大的生产和销售名酒饮料的公司，是英国第四大出口商和第十一大公司。但是对于这只股票，到1994年的时候他就果断地卖掉了，因为它已经没有盈利空间了。

早在2003年4月，正值中国股市低迷徘徊的时期，巴菲特以约每股1.6～1.7港元的价格大举介入中石油H股23.4亿股，这是他所购买的第一只中国股票，也是现有公开资料所能查到的巴菲特购买的唯一一只中国股票。但是令人不解的是，11亿股中石油H股，15元左右几乎全部出尽，而且是在油价创出持续新高和中石油马上就要增发A股的内外利好背景下，"股神"巴菲特的做法就是与众不同。既然巴菲特认为中石油是家好公司，为什么要把股票卖掉呢？首先，石油的价格是重要的依据，因为石油企业的利润主要依赖于油价，如果石油在30美元一桶时，情况很乐观；如果油价到了75美元，不是说它一定就会下跌，但至少情况并没有那么乐观了。巴菲特买入中石油和卖出中石油，一个很重要的原因是油价。当石油价格较低的时候，他认为石油价格将会上升，石油公司自然会从中受益，所以他买入了中石油；而当石油价格很高的时候，他认为油价继续上涨的可能性较小，那么，石油公司的利润再要大幅增长将会很困难，所以选择了卖出股票。

巴菲特不断用他投资时所使用的标准来衡量他已经入股的企业的质量。如果他的一只股票不再符合他的某个投资标准，他就会把它卖掉，并不会考虑其他因素。巴菲特认为，目前中国股市的涨幅已经很大，而人们还在不顾风险争相入市。正因如此，他卖中石油股票时没有丝毫犹豫。

巴菲特在遇到更有吸引力的公司的时候一定会抛出那些相对来说吸引力低的股票。因为只有这样才能将投资优化，用最少的精力挣回最多的钱。要知道投资的目的并不是要买到全部价格在增长的股票，而是要合理配置自己的精力和资源，在自己的能力范围内，得到最大化的回报。当然，有些投资者的做法是倾向于把资金投放在多个公司的股票上，但事实上，这种做法不一定就比投放在几个集中的股票上更明智。过多分散的投资，过多的公司，也就代表过多的风险。

巴菲特设立止损点

作为投资者，每一次买进前要确定三个价位，即买入价、止盈价和止损价。如果这个工作没有做好，严禁任何操作，学习止损并善于止损才是在股市中生存发展的基本前提！

当然，对于投资者来说，止损绝不是目的，但止损理念的彻悟和止损原则的恪守却是投资者通向成功之路的基本保障。

巴菲特说："入市要有 50% 的亏损准备。"

很多长期投资者也许都会认为，巴菲特一旦买进，就永远持有，都不会卖出，那你就错了。从巴菲特上面一句很简短的话，就可以看出大师对止损的重视程度。所以，像巴菲特这样的大投资家也会止损，在哪里止损？在所投资公司失去成长性时、基本面恶化时，止损！投资的止损不同于投机的止损，投机的止损只相对于价格的变化，而投资的止损是相对于基本面的变化。一份"止损单"是一份买进或卖出股票的交易单，当这些股票达到或超过一个预定价格时要执行。"买股止损单"一般在目前交易价之上被执行，"卖股止损单"一般在低于目前交易价的价格被执行。一旦触发该价位，该止损单就成为市场交易单，表明该投资者将在最有利的价位交易。

比如说，你以 40 美元的单价买了某公司的 100 股股票，现在它的价格只有 28 美元了，对于持有成本为 4 000 美元的股票来说，现在只值 2 800 美元，你损失了 1 200 美元。不管你卖掉股票而改持现金，还是继续持有股票，它都只值 2 800 美元。即使不卖，股价下跌时你还是会受损。你最好还是卖掉它们，回到持有现金的位置，这样可以让你从更客观的角度上思考问题。如果继续持有从而遭受更大损失的话，你将无法清醒地思考问题，总是自欺欺人地对自己说："不

"股神"巴菲特有三句名言：第一句，永远记住保住本金。第二句，永远记住保住本金。第三句，永远记住第一、二句。

会再降价了。"可是，你要知道还有其他许多股票可以选择，通过它们，弥补损失的机会可能要大一些。

大致说来，巴菲特的止损理念主要有如下三个要点：

1. 根据自身情况，确定止损依据

通常而言，止损的依据是个股的亏损额，即当某一股票的亏损达到一定程度时，应斩仓出局；但止损的依据也可以是某个投资者的资金市值，这常常是针对投资者的整个股票投资组合来说的。当总的亏损额超过预定数值时，应减少或清仓。

2. 确定合适的止损幅度

能否合理地设置止损位，是止损理念的关键所在。这通常需要投资者根据有关技术和投资者的资金状况决定。但在不同的止损依据下，设置止损位考虑的重点也有所区别。

3. 意志坚定地执行止损计划

巴菲特认为，止损计划一旦制订，就需要意志坚定地执行，这是止损操作的关键。他强调，在应该止损时绝不要心存侥幸，决不能用各种理由来说服自己放弃或推迟实施止损的计划。当然，止损计划的实施也可以随行情的变化而适当调整，但必须牢记的是，只能在有利的情况下才能调整止损位，即只允许当原投资决策正确，股价已有一定涨幅后，方能随行情的发展逐步调整原定的止损位，在保证既得利益的同时，尽量赚取更多的利润。

个人投资者一定要很明确坚持这样一个原则：每只股票的最大损失要限制在其初始投资额的70% ~ 80%之内。由于投资额较大和通过投资种类多样化降低总体风险，大多数机构投资者在迅速执行止损计划方面缺乏灵活性。对机构来说，很难快速买入卖出股票，但快速买卖股票对它们执行该止损准则来说又是非常必要的。所以对于作为个人投资者的你来说，这是一个相对于机构投资者的极大优势，所以要利用好这一优势。记住，7% 或 8% 是绝对的止损限额。你必须毫不犹豫地卖出那些股票——不要再等几天，去观望之后会发生什么或是期盼股价回升；没有必要等到当日闭市之时再卖出股票。此时除了你的股票下跌 7% 或 8% 这一因素，就不会有什么东西去对整个行情产生影响了。

巴菲特在股价过高时操作卖空

作为一个投资者，并非一定要做卖空。大多数投资者专注多头，关注空头的人则少得多。只有少数投资者擅长多头的同时，空头也做得很出色。无论你是否想同时进行多、空投资，都是你个人的选择。即使对股市专家来说，卖空也极具风险；只有能力更高、胆量更大的人才敢尝试。所以，投资者不要仅仅因为股价看上去太高了就去卖空一只正在涨升的股票。那样的话，你可能会变得"一贫如洗"。

巴菲特认为，是否卖空股票，要看投资标的是否具备持久竞争优势，业务是否发生根本变化，以及股价是否够高而定。

在 1987 年 10 月股灾之前，巴菲特几乎把手头上的所有股票都卖掉了，只剩下列入永久持股之列的股票，所以遭受的损失较少。巴菲特认为，当有人肯出远高过股票内在价值的价格，他就会卖出股票。当时，整个股票市场已经到达疯狂的地步，人人争着去买股票，因此，他觉得已经有了卖股票的必要。

如果一位投资者有（多头）100 股中国石化股票，并卖出（空头）100 股，该投资者就是在持仓卖空。该策略经常被称为"完美的避险"。如果中国石化价格下跌，就无损失。相反，如果价格上涨，也无利润。

买入 110 元 100 股中国石化：11 000 元

卖出 115 元 100 股中国石化：11 500 元

如果两个仓位平仓了结，获利 500 元；如果该股价下跌，利润仍是 500 元；如果股价上升，两个仓位了结，利润也是 500 元。持仓卖空可以通过卖掉多头仓位并买回空头仓位来了结，或者用多头股份平仓了结空头股份。实际上用股票了结空头仓位时要求投资者给其经纪人下达一个命令书。如果没有支付股票的交易命令书，一般也就不用支付佣金。

卖掉赔钱股，留下绩优股

不要轻易卖掉绩优股，不能因为股票的上涨就卖掉，好股票涨了还会涨。如果能够以符合商业利益价格的好运气，买进具有持久竞争优势公司的股票，就应该常买不卖。当然，一旦股价够高，出脱持股也绝对是合理之举。作为普通投资者，卖掉正在赔钱的有可能继续下跌的股票是很谨慎的行为，而留下收益显著的股票具有同样的意义，只要它们能够保持基本面的良好。

巴菲特说："当公司的业绩表现不佳时，最好出脱全数持股，转到新的投资机会，即任何时候都要牢记，卖掉赔钱股，留下绩优股。"

这是一个投资者需掌握的最主要的卖出法则之一，一个投资者卖掉正在赔钱的、可能继续下跌的赔钱股而留下收益显著的绩优股，不仅可以最大化自己的收益，同时可以最小化自己的风险。任何股价下跌都是亏损状态，股价下跌让投资人赔钱，损失利润。但是，在什么情况下绩优股会变成赔钱股呢？评判的指标主要有以下几种：

（1）成长率中等的绩优股股价已经上升 30%，又没有什么特别的喜讯，投资者就应该及时脱手。

（2）周期股企业如需求下降，存货过多，产品价格下跌，产品成本提高，或开工率接近饱和，新建厂房扩大产能，或国外竞争者进入市场时，投资者就要警惕。

（3）成长股不可能永远成长下去。企业达到一定的规模，其业

没问题，在它勉强能走的时候，卖了它。

你能帮助我吗？我的马有时勉强能走，有时却一瘸一拐。

当公司业绩表现不佳时，最好出脱全数持股，转到新的投资机会，即任何时候都要牢记，卖掉赔钱股，留下绩优股。

——股神巴菲特

绩有回归到行业平均数的倾向，此时也需及时卖出。

（4）成长股公司如果过分依赖少数客户，或产品易受经济周期的影响，或高级经理人员加入竞争者公司，投资者也需提高警惕，将股票脱手，另寻更有活力、前景更好的公司。

（5）再生股再生之后就转化为别的股了。

例如克莱斯勒汽车公司股票原来2美元一股，后来涨到5美元、10美元、48美元一股。这时股价也许还会上涨，但已到应该卖掉的时候了。因为股价的P/E值已高于利润增长率。假日旅馆股价的P/E值涨到40时就应该卖掉，因为美国不可能每20英里就有一家假日旅馆。雅芳化妆品公司股价的P/E值涨到50时也应脱手，因为不能指望每两个美国家庭主妇就有一个人使用它的香水。

要确定一只股票是否仍然是优胜股，要看价格调整的原因。如果总体市场走弱或"正常的"日常波动导致的股价下跌，该股票可

能仍然是只优胜股。然而，如果跌价的原因是长期性的，那就必须
要止损或是换股了。长期的原因可能包括销售额下降、税务问题、
诉讼、熊市正在出现、更高的利率以及对于未来利润的不利影响。
这种情况下已经对长期的收入前景造成了不利的影响，这时就应该
果断地卖掉赔钱股。

并非好公司就一定要长期持有

一个简单法则：当你看到这些优质公司达到 40 倍，甚至更高的
市盈率时，就到该卖出的时候了。但是，如果你在疯狂的牛市中卖
出了股票，不能马上将这些资金投出去，因为此时市场上所有股票
的市盈率都高得惊人。你能做的就是稍稍休息一下，把手上的钱投
资国债，然后静静等待下一个熊市的到来。在熊市来临的时候，你
会有机会买到一些廉价的、具有持续竞争优势公司的股票。在不远
的将来，你将会成为超级富翁。

巴菲特在 1996 年的信中写道："当然比起那些具有爆发性的高
科技或是新创的企业来说，这些被永恒持股的公司的成长力略显得
不足，但是与其两鸟在林，不如一鸟在手。

"尽管我和查理一生都在追求永恒的持股，但是真正能够让我
们找到的却很少。因此在找到真命天子之前，旁边或许还有好几个
假冒者，虽然这些公司曾经是红极一时，但是却经不起竞争的考验。
从另外的角度来看，既然能够被称为永恒的持股，查理和我早就有
了心理准备，数量绝对不会超过 50 家，甚至都不到 20 家，所以就
我们的投资组合来看，除了几家真正合格的公司外，还有另外的几
家则极有可能在潜在的候选人的行列。"

巴菲特虽然一直都在宣扬自己的长期投资理论，但是他所描述
的好公司并不是我们看到的那样，他的选择条件是极为苛刻的，巴

菲特用清仓中石油的举动，证明了一点，并不是所有好公司都值得你长期持有，可能符合要求的只有那么几家。

在 2007 年年末 A 股仍处于牛市末期，次贷危机尚未扩大的情况下。伴随中石油将要发行 A 股的消息刺激，中石油的 H 股股价从 11 港元区域进行了快速的拉升，在这个过程中，巴菲特就开始分批地出售中石油的股票，最后清空所有持股均价为 13.47 港元左右。对于清仓中石油，巴菲特的理由是，在 2004 年购买中石油的股票时，它的市值约为 370 亿美元，然而他和查理认为它的价值约 1 000 亿美元，所以当中石油市值突破 2 000 亿美元甚至一度膨胀至 2 750 亿美元时，巴菲特在这种情况下当然会选择离场。

当然，在市场的狂热气氛中，中石油 H 股曾经一度高达 20.25 港元，市场充斥了一片对巴菲特的嘲笑，尤其是那些以 48.62 港元天价买入中石油 A 股的投资者，嘲笑巴菲特"抛早了"无疑有助于加强自己持有中石油的信心。最后的结果却证明了巴菲特才是真正的赢家。尚且不用说股价从 48.62 港元的高价一直惨跌到 A 股的 12 港元左右，即使是 H 股如今也不过 7 港元左右，相较巴菲特的清仓价也几近腰斩。

虽然巴菲特曾经说过，如果你不打算将一只股票持有长达 10 年以上，那么你就根本不需要买进。但是投资者需要明白的问题是，做好持有 10 年以上的准备买入一只股票，绝不等于买入后就一定要无条件地持有 10 年以上。纵然，巴菲特一直强调的是，伟大的企业值得永远拥有。但是投资者往往都觉得这句话在强调"永远拥有"，而没有注意到"伟大的企业"是个极为严格的限定。

规避风险：
用安全边际铸就投资的护城河

面对股市，不要想着一夜暴富

对于投资者而言，"避免风险，保住本金"这八个字，说说容易，做起来却不容易。股市有风险，似乎人人皆知，但是，当人们沉醉在大笔赚钱的喜悦之中时，头脑往往会发热，就很容易把"风险"两字丢到一边。世界上"没有只涨不跌的市场，也没有只赚不赔的投资产品"。在成熟度不高，监管不规范，信息不对称，经常暴涨暴跌的中国股票市场，不顾一切，盲目投资无疑是危险行为。

巴菲特说："成功的秘诀有三条：第一，尽量规避风险，保住本金；第二，尽量规避风险，保住本金；第三，坚决牢记第一、第二条。"

实际上，巴菲特这三条秘诀总结起来就是八个字：避免风险，保住本金。巴菲特的名言是他投资股市的经验总结。他从1956年到2004年的48年中，股市的年均收益率也只有26%。由此可见，他的巨额家产也不是一夜暴富得来的。

以中国股市来说，自从2006年股市一路高歌以来，大众亢奋和"羊群效应"越发明显。越来越多的人认为，股市成了一只"金

如果一个即将毕业的工商管理硕士问我："如何能快速致富？"我不会引用本·富兰克林或霍雷肖·阿尔杰的话去回答他；相反，我会一只手捂着鼻子，而另一只手指着华尔街。

——股神巴菲特

饭碗"，只要投钱进去，"金饭碗"里就能源源不断地生出钱来。左邻右舍相继入市，农民开始炒股，即使平日最保守、最沉着的人也摇摇晃晃地入市了。有人卖房、有人贷款、有人辞职，证券营业部人满为患，系统不堪重负，上班族人心浮动……恐怕没有人不承认，现在的股市泡沫已经令人担忧。可是既然大家都知股市泡沫重，为何还如此疯狂？显然，面对股市，我们已经不仅从投资跃入了投机，而且从投机跃入了赌博！

中国股市，从一定角度讲还是一个资金市，源源不断的资金进入，才是行情不断高涨的根本原因。在股市的狂热下，炒股者多会觉得总有后来者，就像掉进传销网络的人，总认为还有大量的下线等着送钱进来。可历史早就证明，没有哪一波大牛市不是以套牢一大批投资者作为最后"祭品"的，这一点，炒股者也"理性"地清楚。前方是巨大的利益引诱，后面是怕成"祭品"的担忧，使贪婪与恐惧这两种人性弱点最充分地体现在了炒股者身上。

中国证监会于2007年5月11日发出通知，要求加强对投资者的教育，防范市场风险。并且特别要求、"告诫"那些抵押房产炒股、拿养老钱炒股的投资者，千万理解并始终牢记：切勿拿关系身

家性命的生活必需和必备资金进行冒险投资。可谓良药苦口，正当
其时。

遇风险不可测则速退不犹豫

2005年巴菲特在致股东的信里说："为了满足保险客户的需
求，在1990年通用再保险设立衍生交易部门，但在2005年我们平仓
的合约中有一个期限竟然是100年。很难想象这样的一个合约能够满
足哪方面的需求，除非是可能只关心其补偿的一个交易商在他的交
易登记簿中有一个长期合约需要对冲的需求。

"设想一下，假如一个或者是更多家企业（麻烦总会迅速扩
散）拥有数倍于我们的头寸，想要在一个混乱的市场中进行平仓，
并且面临着巨大的广为人知的压力，情况会变成怎样？在这种情形
下应该充分关注事前而不是事后。应该是在卡特里娜飓风来临之
前，考虑且提高撤离新奥尔良的最佳时机。

"当我们最终将通用再保险的证券交易部门关门大吉之后，
对于它的离开我的感觉就像一首乡村歌曲中所写的那样：'我的
老婆与我最好的朋友跑了，我想念更多的是我的朋友而不是我的
老婆。'"

上面这段话是巴菲特在2005年将通用再保险的平仓合约持平后
的一段话，可以说巴菲特这项投资是很失败的，他的经验教训就是
一旦该项投资遇到不可测的风险时，绝不要恋战。

2004年3月，美国国际集团承认公司对一些账目处理不当，伯克
希尔—哈撒韦下属的通用再保险公司曾经与其合作过一笔"不符合
规定"的再保险交易，这笔业务应该属于贷款而非保险交易。

通用再保险公司自从1998年被收购以后就一直风波不断，1998
年与同属伯克希尔—哈撒韦的国家火险公司为FAI保险公司出售再

保险产品，经商定后达成秘密协议：FAI公司在3年内不得寻求保险赔偿。这项规定在很大程度上弱化了该产品转移风险的功能，摇身一变成了短期贷款。FAI公司不久被澳大利亚第二大保险商HIH公司收购，因FAI公司的资产负债表被人为美化，HIH公司利润也随之虚增。澳大利亚监管部门调查后决定，自2004年10月开始禁止通用再保险公司的6位主管在澳大利亚从事保险业活动。澳大利亚监管部门还发现，违规操作的再保险产品来自通用再保险公司位于爱尔兰首都都柏林的一个团队，而爱尔兰金融服务管理局也开始对通用再保险公司在爱尔兰的经营活动展开调查。

2004年3月，该公司公布的盈利报告显示去年净利润下降10%，由2003年的近82亿美元减至73亿美元。相比美国股市的总体表现，巴菲特在股市上的投资业绩最近几年出现了明显下滑。以标准普尔500指数为例，该指数成分股在2003年和2004年的平均账面净值增长率分别达到28.7%和10.9%，均超过了巴菲特的伯克希尔—哈撒韦公司。与股市投资不景气相对应的是，伯克希尔—哈撒韦公司的现金大量闲置，截至2003年12月，公司的现金存量由2003年的360亿美元升至430亿美元。2003年，伯克希尔决定让通用再保险退出酝酿巨大风险的衍生品业务，当时它有23218份未平仓合约。2005年年初下降为2890份，2005年年底平仓合约减至741份，此举在当年让伯克希尔付出了1.04亿美元的代价。

对于普通的投资者而言，也许在你的投资道路上总会遇到不可测的风险，在这种时候大多数投资者似乎都会抱着一丝希望，但是正是这种渺茫的希望让他们陷得更深。事实上，在这种时候正确的做法就是，无论暂时的斩仓痛苦有多大，都应坚决退出。如果巴菲特当时不退出，2008年的"次贷危机"爆发后，他也许就退不了了。

特别优先股保护

特别优先股可以给投资者特别的保护，巴菲特在"次贷危机"中，仍然敢于买进通用电气和高盛的股票。这两只股票同样都是特别优先股，这类股票拥有股价上的安全边际，能够合理地利用自己的话语权去建立技术性的安全边际也是一项厉害的投资技术。

1996年巴菲特在致股东的信中写道："当维京亚特兰大航空公司的老板理查德·布兰森，被问到要怎么样才能变成一个百万富翁的时候，他的回答是：其实也没有什么，你首先需要变成一个亿万富翁，然后再去购买一家航空公司就可以了。"

在1989年的时候巴菲特以3.58亿美元的价格买了年利率为9.25%的特别股。那时候，他非常喜欢美国航空的总裁埃德·科洛德尼，直到现在仍然没有改变。但是，现在，巴菲特觉得他对于美国航空业的分析研究实在是过于肤浅并且错误百出，他被该公司历年来的获利能力所蒙骗，并且过于相信特别股提供给债券上的保护，以导致他们忽略了最为关键的一点，美国航空公司的营业收入受到了毫无节制的激烈价格战后大幅下降，同时该公司的成本结构却仍然停留在从前管制时代的高档价位上。

从巴菲特上面的这项投资中，能够看出巴菲特在当初的投资时买的是特别优先股，那就意味着公司每年要付给伯克希尔9.25%的利息，加之还有一项"惩罚股息"的特别条款，这就意味着如果该公司要延迟支付股息的话，除了需要支付原有欠款外，同时还必须支付5%利率的利息。这就导致了在1994年和1995年伯克希尔都没有收到股息，所以，在此之后美国航空就不得不支付13.25%和14%的利息。在1996年下半年美国航空公司开始转亏为盈的时候，它们果真开始清偿合计4 790万美元的欠款。

所谓的优先股是相对于普通股而言的，主要指在利润分红及剩余财产分配的权利方面，优先于普通股。在公司分配盈利时，拥有优先股票的股东比持有普通股票的股东分配在先，而且享受固定数额的股息，即优先股的股息率都是固定的，普通股的红利却不固定，视公司盈利情况而定，利多多分，利少少分，无利不分，上不封顶，下不保底。

以巴菲特2008年50亿美元买入的高盛优先股为例来说明，优先股和债券一样，享有固定的红利（利息）收益，高盛给巴菲特的是10%。意味着，每年高盛要支付5亿美元的固定红利，当然如果以后高盛的分红率更高，巴菲特也只能拿10%，但这已经大大高于国债利率了。除了安全，巴菲特没有放弃可能的暴利机会，同时获得了一个认股权证，5年内可以以每股115美元的价格，认购50亿美元额度之内的高盛股票，当然现在高盛的股价已经大大低于115美元，但是只要5年内高盛股价高过这个价格，巴菲特还可以从认股权中获得超额利润。

由于巴菲特选择的是永久性优先股，意味着不能转成普通股，但是只要不被赎回，就可以永远拿10%的股息。当然，巴菲特也并非绝对安全，如果高盛真的破产的话，他的权利也无法兑现。但是优先股的股东可先于普通股股东分取公司的剩余资产。

等待最佳投资机会

投资是"马拉松竞赛"而非"百米冲刺"，比的是耐力而不是爆发力。对于短期无法预测，长期具有高报酬率的投资，最安全的投资策略是：先投资再等待机会，而不是等待机会再投资。投资人应记住的是，在下降通道中参与投资，风险无形中放大了好多倍，成功率大大降低，所以，请耐心等待重大投资机会的到来。

巴菲特说："许多投资人的成绩不好，是因为他们像打棒球一样，常常在位置不好的时候挥棒。"

巴菲特说，在他的投资生涯中，曾经有至少三次的经验，看到市场有太多的资金流窜，想要用这一大笔资金从事合理的活动似乎是不可能的事情。然而，4年过后，却看到"我一生中最好的投资机会"。

其中一次发生在1969年，也就是巴菲特结束他首次的投资合伙事业的时候，这个过程值得巴菲特迷们好好去研究，因为对很多中国的巴菲特迷来说，如何挖到第一桶金很重要，目前巴菲特管理几百亿美元的经验，对想获得第一桶金的投资人来说，并没有太大的意义。然后在1998年，当长期资本管理公司这家避险基金公司出现问题的时候，投资界突然出现了绝佳的投资机会。

托伊·科布曾说过："威廉姆斯等球时间比别人都多，是因为他要等待一个完美的击球机会。这个近乎苛刻的原则可以解释，

许多投资人的成绩不好，是因为他们像打棒球一样，常常在位置不好的时候挥棒。

——股神巴菲特

为什么威廉姆斯取得了在过去70年里无人能取得的佳绩。"巴菲特对威廉姆斯敬佩有加，在好几个场合，他与伯克希尔的股民分享威廉姆斯的近乎苛刻的原则。在《击球的科学》一书中威廉姆斯解释了他的击球技巧。他将棒球场的击球区划分成77块小格子，每块格子只有棒球那么大。巴菲特说："现在，当球落在'最佳'方格里时，挥棒击球，威廉姆斯知道，这将使他击出最好的成绩；当球落在'最差'方格里时，即击球区的外部低位角落时，挥棒击球只能使他击出较差的成绩。"

威廉姆斯的打击策略如运用到投资上显然极为恰当。巴菲特认为，投资就像面对一系列棒球击球那样，想要有较好的成绩，就必须等待投资标的的最佳机会到来。许多投资人的成绩不好，是因为常常在球位不好的时候挥棒击球。也许投资人并非不能认清一个好球（一家好公司），可事实上就是忍不住乱挥棒才是造成成绩差的主要原因。

那么，我们怎样才能克服这种毛病呢？巴菲特建议投资人要想象自己握着一张只能使用20格的"终身投资决策卡"，规定你的一生只能做20次投资抉择，每次挥棒后此卡就被剪掉一格，剩下的投资机会也就越来越少，如此，你才可能慎选每一次的投资时机。对又低又偏外角的球尽量不要挥棒，威廉姆斯就是宁愿冒着被三振出局的风险去等待最佳打点时机的到来。投资者是否能从威廉姆斯的等待最佳打点时机中获得启迪呢？巴菲特说："与威廉姆斯不同，我们不会因放弃落在击球区以外的三个坏球而被淘汰出局。"

运用安全边际实现买价零风险

理性投资者是没有理由抱怨股市的反常的，因为其反常中蕴含着机会和最终利润。从根本上讲，价格波动对真正的投资者只有一个重要的意义：当价格大幅下跌后，提供给投资者低价买入的机会；当价格大幅上涨后，提供给投资者高价卖出的机会……测试其证券价格过低还是过高的最基本的方法是，拿其价格和其所属企业整体的价值进行比较。

巴菲特说："……我们强调在我们的买入价格上留有安全边际。如果我们计算出一只普通股的价值仅仅略高于它的价格，那么我们不会对买入产生兴趣。我们相信这种'安全边际'原则——本·格雷厄姆尤其强调这一点——是成功的基石。"

上面这段话不仅揭示出了安全边际的实质内涵，即股票的内在价值和股票的市场价格之间的差距。而且强调了在分析股票价值时运用"安全边际"可以帮我们真正实现买价零风险。

"安全边际"是价值投资的核心。尽管公司股票的市场价格涨落不定，但许多公司具有相对稳定的内在价值。高明的投资者能够精确合理地衡量这一内在价值。股票的内在价值与当前交易价格通常是不相等的。基于"安全边际"的价值投资策略是指投资者通过公司的内在价值的估算，比较其内在价值与公司股票价格之间的差价，当两者之间的差价（即安全边际）达到某一程度时就可选择该公司股票进行投资。

美国运通银行属于全球历史悠久、实力强大的银行之一。它在1981年的时候开始推出旅行支票，它可以解决人们旅行时带大量现金的不便。在1958年它又推出了信用卡业务，开始引导了一场信用卡取代现金的革命。截至1963年，美国运通卡已经发行1000多万张，这家银行当时在美国的地位就像中国工商银行在中国的地位一样强大。但美国运通后来出现了问题。联合公司是一家很大的公司，运用据称是色拉油的货物仓库存单作为抵押，从美国运通进行贷款。但是当联合公司宣布破产后，清算时债权人想从美国运通收回这笔抵押的货物资产。美国运通在1963年11月的调查时发现，这批油罐是色拉油海水的混合物，由于这次重大诈骗，使美国运通的损失估计高达1.5亿美元。如果债权人索赔的话，可能会导致美国运通资不抵债。这个消息导致华尔街一窝蜂地疯狂抛售美国运通的股票。1964年年初，在短短一个多月里，美国运通的股票价格就从60美元大跌到35美元，跌幅高达40%。

在这期间巴菲特专门走访了奥马哈的餐馆、银行、旅行社、超级市场和药店，但是他发现人们结账时仍旧用美国运通的旅行支票和信用卡。他得出的结论是这场丑闻不会打垮美国运通公司，它的旅行支票和信用卡仍然在全世界通行。巴菲特认为，它这次遭遇巨额诈骗，只是一次暂时性损失而已，从长期来看，任何因素都不可能动摇美国运通的市场优势地位。1964年，巴菲特决定大笔买入，他将自己管理的40%的资金全部买入美国运通公司的股票。不久诈骗犯被抓住并被起诉，美国运通与联合公司达成和解，双方继续正常经营。在后来的两年时间里美国运通的股价上涨了3倍，在后来的5年时间里股价上涨了5倍。

巴菲特神奇的"15%法则"

毫无疑问，如果投资者以正确的价格来购买正确的股票，获得15%的年复合收益率是可能的。相反，如果你购买了业绩很好的股票却获得较差的收益率也是很可能的，因为你选择了错误的价格。大多数投资者没有意识到价格和收益是相关联的：价格越高，潜在的收益率就越低，反之亦然。

1989年巴菲特在给股东的信里写道："我们还面临另一项挑战：在有限的世界里，任何高成长的事物终将自我毁灭，若是成长的基础相对较小，则这项定律偶尔会被暂时打破，但是当基础膨胀到一定程度时，好戏就会结束，高成长终有一天会被自己所束缚。"

　　上面这段话表示了巴菲特在有限世界里的理性，他是不会相信无限增长的。从20世纪70年代就开始写"致股东函"，每隔两三年他都会非常诚恳地表示动辄20%～30%的增长都是不可能长期持续的。巴菲特在购买一家公司的股票之前，他要确保这只股票在长期内至少获得15%的年复合收益率。为了确定一只股票能否给他带来15%的年复合收益率，巴菲特尽可能地来估计这只股票在10年后将在何种价位交易，并且在测算公司的盈利增长率和平均市盈率的基础上，与目前的现价进行比较。如果将来的价格加上可预期的红利，不能实现15%的年复合收益率，巴菲特就倾向于放弃它。

　　例如在2000年4月，你能够以每股89美元的价格购买可口可乐的股票，并假设你的投资长期能够获得不低于15%的年复合收益率。那么，当10年之后，可口可乐的股票大致可以卖到每股337美元的价格，才能使你达到预期目标。关键是假如你决定以每股89美元的价格购买，那么你就要确定可口可乐的股票能否给你带来15%的年复合收益率。这需要你衡量四项指标：其一，可口可乐的现行每股收益水平；其二，可口可乐的利润增长率；其三，可口可乐股票交易的平均市盈率；其四，公司的红利分派率。只要你掌握了这些数据，你就可以计算出这家公司股票的潜在收益率。仍然以可口可乐为例，可口可乐股票的成交价为89美元，连续12个月的每股收益为1.30美元，分析师们正在预期收益水平将会有一个14.5%的年增长率，再假定一个40%的红利分派率。如果可口可乐能够实现预期的收益增长，截止到2009年每股收益将为5.03美元。如果用可口可乐的平均市盈率22乘以5.03美元就能够得到一个可能的股票价格，即每股110.77美元，加上预期11.80美元的红利，最后你就可以获得122.57美元的总收益。数据具有很强大的可信度，10年后可口可乐股票，必须达到每股337美元（不包括红利）才能够产生一个15%的年复合收益率。然而数据显示，那时可口可乐的价位每股110.77美元，再加上11.8美元的预期红利，总收益为每股122.57美元，这就意味着将会有3.3%的年复合收益率。如果要达到15%的年复合收益率，可口可乐目前的价格只能达到每股30.30美元，而不是1998年中期的89美元。所以巴菲特不肯把赌注下在可口可乐股票上，即使在1999年和2000年早期可口可乐股票一直在下跌。

购买垃圾债券大获全胜

在高收益率的垃圾债券市场中投资，投资技巧和投资股市是相似的，两者都需要衡量价格与价值的关系。并且都需要在上百个投资对象中寻找数量很少的、回报风险比率较有吸引力的品种。虽然巴菲特也承认垃圾债券市场所涉及的企业更为冷僻，但是一旦做出正确的决策它却能够给你带来高额的回报率。

2003年巴菲特在致股东的信里写道："低价格最常见的起因是悲观主义，有时是四处弥漫的，有时是一家公司或一个行业所特有的。我们要在这样一种环境下开展业务，不是因为我们喜欢悲观主义，而是因为我们喜欢它造成的价格。乐观主义才是理性投资者的大敌。"

巴菲特总是唱着与华尔街不同的调调，每当提到巴菲特，很多人总是把他和华尔街联系起来，并渴望从他那儿取到真经，然而事实上，巴菲特与华尔街机构（更不要说一般的散户）对股市的理解是完全不同的。

巴菲特很坦诚地表示他喜欢股票下跌，并且越低越好。其实，这就是以交易为目标的华尔街思维和以企业投资为目标的伯克希尔

我们要在这样一种环境下开展业务,不是因为我们喜欢悲观主义,而是因为我们喜欢它造成的价格。乐观主义才是理性投资者的大敌。

——股神巴菲特

理念根本不同的所在。

　　在2002年,巴菲特在投资上出了一些奇招,开始对一些垃圾债券进行了投资,从结果来看,他在这方面的投资获得了5倍的收益,截止到2002年年底,这个部分的资金已经增加到了83亿美元。伯克希尔的投资组合中,以往投资在固定收益证券所占比例远远低于其他保险公司。在1993年,伯克希尔投资组合中的17%投资在包括债券和优先股在内的固定收益证券中,然而大多数的其他保险公司这个比例要在60%～80%。他对垃圾债券的态度很谨慎,他认为这个新的投资工具是"冒牌的堕落的天使",因为在发行之前它们就是垃圾。

　　直到20世纪80年代末90年代初垃圾债券市场崩溃时,巴菲特说:"金融界的天空因为衰败公司的尸体而变得阴暗。"

　　在1989～1990年两年间,巴菲特以低于债券面值的价格购买了RJR纳比斯柯公司4.4亿美元的垃圾债券。1988年,KKR公司凭借银行贷款和发行垃圾债券成功地以250亿美元价格收购RJR纳比斯柯公司,这在当时看来是一项十分轰动的"大交易"。但由于后来垃圾债券的市场崩溃,殃及到RJR垃圾债券。巴菲特却认为投资该债券能够获得14.4%的收益，并且这种低落的价格还提供了潜在的资本收益。直到1991年，RJR公司宣布将按债券的票面价值赎回大部分垃圾债券。这一公告促使其债券价格上涨了34%，巴菲特从这项投资中获得了1.5亿美元的资本收入。

巴菲特说："购买垃圾债券被证明是利润很高的一项业务。虽然普通股在跌了3年以后价格已经很吸引人，但是我们还是觉得很少有股票能够吸引我们。"巴菲特在2003年给投资者的信中写道，他将关闭其公司的衍生品业务，因为他觉得金融衍生品是"定时炸弹"，很难评估价值。

随市场环境的变化而变化

巴菲特无论是偶然还是经过深思熟虑都应该被看作是历史上最机敏的市场调节者之一。他拥有感知到的市场存在很大危险的能力，或者是当别人认为危险时他却看到了投资机会。

巴菲特说："如果任何一个人准备去做任何一件愚蠢的事的时候，市场在那里只是作为一个参考值而存在，当我们投资于股票的时候，我们也是在投资商业。"

任何时期的任何行情，最大的投资机遇和最大的投资风险一定是来自价值标准的变化！同样的青菜，在春夏秋冬有不同价格，因为它在不同时期所体现的价值不一样，人们衡量它的价值标准也不一样，价格自然会不同。更主要的是，青菜的价值与肉食的价值是不一样的，因此，其所对应的市场价格也是截然不同的。

这样的例子同样也发生和反映在股市中。例如，同样的汽车股，在2004年行业最景气时，人们给予它的估值标准可以达到25倍左右的市盈率，而在2005年行业景气度回落的时候，人们给予它的市盈率估值标准一下子降到了10倍左右。到目前为止，也只在15倍左右。这样的例子也曾同样发生在钢铁股和石化股里。

为什么说价值标准变化给行情带来的投资机会和风险是最大的呢？很明显，同样的股票在业绩没变化的情形下，市盈率标准从25倍降低到10倍，意味着这只股票的价格要跌去60%；反之，如果某一类股票的估值标准从10倍市盈率提升到20倍市盈率，则意味着这只股票的上涨空间将达到100%。

股票G天威，该股有超过60%的主营收入是来自电站设备。因此，从2003年到2005年上半年的两年半时间内，人们以比较合理的电站设备类估值标准，给予它20倍左右的市盈率定位。但从2005年下半年起，该公司介入了太阳能产业，按照国际市场的估值标准，人们对它的估值标准从20倍市盈率迅速提升到了45~60倍，从而打开了该股超过300%的上涨空间。人们的价值标准会随时间的推移以及社会发展的变化而变化，所以，每当行情新主流热点形成的时候，一定是这个主流热点所对应的行业或公司内部发生了变化，更重要的是，人们对它的认识和评判标准发生了变化！

同时，随着社会经济的不断发展、体制改革的逐渐深入以及对外开放的日益扩大，我国股票市场所面临的客观环境也出现了一些变化，主要表现在以下几个方面：

1.股份全流通，股票市场的本色得以恢复

2005年5月份开始启动的股权分置改革，让占总股份2/3以上的非流通股逐渐实现自由流通，证券市场的基本功能有了发挥的基础和条件。股份全流通在相当程度上把控股股东、上市公司管理层和广大中小股东的利益紧密结合在一起，使控股股东和上市公司管理层不再漠视公司股票的市场表现。股份全流通使我国证券市场恢复了本色，成为真正意义上的证券市场，今后彻底走向市场化和国际化完全可以预期。

2.整体上市已成趋势，国家战略资产越来越多地转入可流通状态股改以后，股票市场出现了一股整体上市的风潮。从国家、企业和投资者三个角度看，这种风潮都具积极意义。整体上市的一个必然的结果是，越来越多的国家战略资产将从原来的高度控制状态逐步变成可市场化流通状态。这种状态一方面可以使国家战略资产通过市场化的方式进行价值重估，另一方面又意味着其控制权将具有很大的流动性和不确定性。对于国有资产管理者来说，这是一个全新的课题。

3.国际资本进出我国的规模日益扩大，社会经济影响不断增强

伴随对外开放的不断深入，国际资本进出我国的规模日益扩大，目前已成为一支不可忽视的力量。"蒙牛"的迅猛崛起和"乐百氏"的彻底陨落背后，都可以看到国际资本的强大身影。这一正一反两方面的事例提醒我们：对于国际资本，我们在表示热烈欢迎的同时，还应该保持应有的谨慎。至于那些缺乏约束、流动性极强且来去诡秘的国际游资，我们除了保持谨慎外，还需要给予高度的警惕。

4.虚拟经济对实体经济的反作用力越来越强

我国股票市场总市值与GDP的比例随着市场规模的不断扩大和股价指数的快速上升而明显提高：2005年上半年，该比例还不到18%，而现在已经接近90%了。股改前由于2/3以上的股份不能流通，所以股票总市值存在很大程度上的失真，而股改以后，非流通股逐渐转为可流通，总市值也就变得真实可靠起来。以证券市场为核心的虚拟经济，一方面反映并最终决定于实体经济，另一方面又可以对实体经济存在一定程度上的影响和反作用力。这种影响和反作用力随着我国证券市场总市值以及其与GDP比例的不断增长而日益增强。

面对上述新的环境，使得股票机会与风险的标准也产生了变化，作为投资者，我们只有及时适应这个变化，才能有效识别机会与风险。

可以冒险但是也要有赢的把握

股市中有一句话说得很好，就是"收益总是伴随着风险"。有时候投资者对投资的品种有十足的信心和把握，但是大多数情况下是不确定的，如果因为损失的可能存在就不进行投资的话，恐怕你也会错失很多获利的机会。所以对于投资者来说，适当的冒险也是投资所必需的，但前提是你得计算好自己的获胜概率。

1997年巴菲特在致股东的信里写道："有时我们同样也不能为我们的资金找到最理想的去处——即为其找到经营良好、价码合理的企业，这时我们会选择将资金投入一些期间较短但品质还不错的投资品种上，虽然我们也很清楚这种做法可能无法像我们买进好公司那样稳健地获利，甚至在少数情况下会出现赔钱的可能，不过从总体情况来说，我们相信这些投资品种赚钱的概率还是远高于赔钱的概率的，然而最大的问题是它的获利能够在什么时候出现。

"当然，在这种情况下，不留有现金而是去投资零息债券也是存在风险的，这种基于总体经济分析的前提下的投资绝对不敢保证100%能够成功，不过查理和我也绝不会轻易放弃这样的投资机会，而是绝对会运用我们最佳的判断能力，大家可不是请我们来闲着没事干，当我们认为我们有赢的把握时，我们就会毫不犹豫地去做一些有别于惯常投资的行为。"

从上面这段话你是否也能够看出，巴菲特也并非总是能够找到令自己极为满意的投资机会的，这也是普通投资者会遇到的难题，但是比闲置资金更好的选择就是选择一些胜算颇大的投资品种，也许它确实存在一些风险，但毕竟在这种情况下，损失是小概率事件。

比如，在1997年巴菲特就不同于往常地参与了三起非针对企业股权的投资：

第一项是1 400万桶的原油期货合约，这是他在1994～1995年所建立4 570万桶原油的剩余仓位，当初他之所以建立这些仓位，主要出于当时的石油期货价位有些被低估的考虑下做出的决定。

第二项是白银，在1997年他一次性买进总共1.112亿盎司的白银。假如按照当时的市价计算，总共贡献1997年9 740万美元的税前利益，因为之前巴菲特都在对贵金属的基本面进行追踪，只是之前没有买进动作。直到最近这几年，银条的存货突然大幅下滑，然而对于一般人较为关注的通货膨胀预期则不在巴菲特计算

我在确定公司价值方面投入了大量的精力，如果你也这样做了，那么风险对你来说就没有什么意义。

——股神巴菲特

价值的范围之内。

最后一项投资是美国的零息债券，他用46亿美元的账面价值摊销长期的美国零息债券，这些债券不支付利息，而是以折价发行的方式回馈给债券持有人，也因此这类债券的价格会因市场利率变动而大幅波动。如果利率下跌，投资人就可能因此大赚一笔，由于1997年的利润出现了大幅度的下滑，所以只是在1997年，伯克希尔未实现的利益就已经高达5.98亿美元。

独立承担风险最牢靠

2001年巴菲特在致股东信里说："当保险业者在衡量自身再保险的安排是否健全时，他们必须谨慎小心地对整个连环所有参与者的抗压性进行试探，并深切地思考万一一件大灾难在非常困难的经济状况下发生时该如何自处。毕竟只有在退潮时，你才能够发现到底是谁在裸泳。在伯克希尔我们将自留所有的风险，独立承担绝不依赖他人，不论世上发生什么问题，我们的支票保证永远都能够兑现。"

上面是巴菲特对自己的投资者的承诺，在巴菲特的这种管理理念下，又有哪个投资者不愿意买入这样的企业股票呢？巴菲特赞同：对于每个投资者而言，都在经营着自己的财产，在对待自己的理财过程中，也要学会自担风险，要在保证自己的风险承担范围内进行投资。这才是安全的做法。

以一个简单的例子来说，自从"9·11"事件发生之后，通用再保险就变得异常忙碌起来，它承接了全部自留在公司账上的保单，这主要包括：南美洲炼油厂损失超过10亿美元以上的5.78亿美元意外险；数家国际航空公司10亿美元恐怖分子攻击事件不得撤销第三责任险；北海原油平台5亿英镑恐怖分子攻击及恶意破坏的产物意外险以及超过6亿英镑以上业者自留或再保险损失；芝加哥西尔斯大楼恐怖分子攻击事件超过5亿美元以上的损失等。然而，作为预防措施，通用再保险也不再接下位于同一个大都会的办公及住宅大楼大量的意外险。通用再保险的问题并没有成为伯克希尔的大危机，根本原因就是伯克希尔一直在账面上保持着大量现金，所以只是损失了一点钱却没有伤筋动骨。如果依赖负债或担保等方式经营，伯克希尔这次则很可能就全军覆没了。

投资者建立家庭财务模型时亦要参考巴菲特的上述做法，投资股票的钱一定要是"闲钱"，不等着用，不要考虑让别人为你的风险买单，那会是一个很危险的做法，更不用说借债投资甚至是短贷长投的做法了。

图书在版编目（CIP）数据

巴菲特的财富金律 / 德群编著 . — 北京：中国华
侨出版社，2018.3（2024.3 重印）
ISBN 978-7-5113-7443-1

Ⅰ . ①巴… Ⅱ . ①德… Ⅲ . ①巴菲特（Buffett，
Warren 1930–）—投资—经验 Ⅳ . ① F837.124.8

中国版本图书馆 CIP 数据核字（2018）第 020334 号

巴菲特的财富金律

编　　著：德　群
责任编辑：姜薇薇
封面设计：冬　凡
美术编辑：盛小云
插图绘制：唐婉欣
经　　销：新华书店
开　　本：880mm×1230mm　1/32 开　印张：8　字数：200 千字
印　　刷：三河市京兰印务有限公司
版　　次：2018 年 4 月第 1 版
印　　次：2024 年 3 月第 7 次印刷
书　　号：ISBN 978-7-5113-7443-1
定　　价：36.00 元

中国华侨出版社　北京市朝阳区西坝河东里 77 号楼底商 5 号　邮编：100028
发 行 部：（010）58815874　　　　传　　真：（010）58815857

如果发现印装质量问题，影响阅读，请与印刷厂联系调换。